좋은 아빠
훌륭한 아빠

좋은 아빠 훌륭한 아빠

발행일	2020년 8월 19일

지은이	이영주, 이현지, 이석현		
펴낸이	손형국		
펴낸곳	(주)북랩		
편집인	선일영	편집	정두철, 윤성아, 최승헌, 최예은, 이예지, 최예원
디자인	이현수, 김민하, 한수희, 김윤주, 허지혜	제작	박기성, 황동현, 구성우, 권태련
마케팅	김회란, 박진관, 장은별		
출판등록	2004. 12. 1(제2012-000051호)		
주소	서울특별시 금천구 가산디지털 1로 168, 우림라이온스밸리 B동 B113~114호, C동 B101호		
홈페이지	www.book.co.kr		
전화번호	(02)2026-5777	팩스	(02)2026-5747

ISBN	979-11-6539-348-9 03370 (종이책)		979-11-6539-349-6 05370 (전자책)

이 도서의 국립중앙도서관 출판예정도서목록(CIP)은 서지정보유통지원시스템 홈페이지(http://seoji.nl.go.kr)와
국가자료공동목록시스템(http://www.nl.go.kr/kolisnet)에서 이용하실 수 있습니다.
(CIP제어번호: CIP2020034371)

세 상 에 가 장 힘 든 일 – 자 녀 교 육

좋은 아빠
훌륭한 아빠

이영주·이현지·이석현 공저

남보다 더 말 걸기 어려운 내 자식.
내 속으로 낳은 자식에게 말 걸기가 세상에서 가장 어려운 부모를 위한,
보통 사람의 자녀와의 대화법.

"답은 편지"

북랩 book Lab

자녀 교육은 참 중요합니다

조영탁(휴넷 대표)

한 사람의 인생이 결정되기 때문입니다.

자녀 교육은 참 어렵습니다. 아무리 정확히 알고 제대로 가르쳐도 내 맘대로 되지 않기 때문입니다.

자녀 교육은 부모의 가장 중요한 의무인 데 반해, 부모는 누구나 초보자일 수밖에 없습니다. 스스로 알아서 할 수 있도록 지켜보자니 행여 잘못될까 불안하고, 하나하나 간섭하자니 사이가 틀어질까 두려운 것이 자녀 교육의 딜레마입니다. 시간이 지나면 되돌릴 수도 없기에 늘 초조한 것이 부모 맘입니다.

보통 공무원, 보통 사람 이영주님의 아주 특별한 자녀 교육 경험을 진솔하게 정리한 이 책에서 참으로 많은 것을 느끼고 배웠습니다.

무엇보다도 십 수 년간 꾸준하게 편지로 자녀들과 대화하며 자녀 스스로 깨닫고 발전할 수 있도록 해온 그 방식에 경의를 표하게 됩니다.

편지는 무엇보다도 감정을 걸러서 순화해주는 장점이 있습니다. 제아무리 좋은 말도 감정이 섞이면 일단 방어막부터 치게 되어 있습니다. 감정이 걸러지면 속마음을 주고받는 진정한 소통이 이뤄져 더 많이 이해하고 더 많이 사랑할 수 있게 됩니다. 말로 하면 잔소리가 되지만 글로 쓰면 진정성 있는 가르침이 됩니다. 이러한 많은 장점에도 불구하고 편지를 쓴다는 것은 엄청난 에너지와 시간이 투입되는 힘든 일입니다. 십 수 년간 계속해서 편지를 통해 가족과 소통을 한다는 것 자체만으로도 보통 사람들은 결코 흉내 낼 수 없는 훌륭한 자녀 교육을 실천해왔다고 칭찬합니다.

특히 미사여구에 그치지 않고 진솔하게 본인의 잘못과 치부까지 용기 있게 드러내는 살아 있는 생생한 이야기라 더 많은 가르침을 받을 수 있었습니다.

사람은 누구나 무한한 잠재력을 갖고 태어납니다.
본인이 가진 무한 잠재력을 개발하고, 행복한 삶, 성공적인 인생을 살아가기 위해서는 다음 7가지가 절대적으로 중요합니다.
첫째, 내가 태어난 이유와 목적, 사명을 제대로 정립하는 것입니다.
둘째, 남과 다른 원대한 꿈을 꾸는 것입니다.
셋째, 항상 긍정의 스위치를 켜고 살아가는 것입니다.
넷째, 한 번뿐인 인생, 늘 열정을 품고 자신의 꿈을 이루기 위해 끝없이 노력하는 것입니다.

다섯째, 남과 더불어 더 좋은 세상을 만들어 갈 수 있어야 합니다. 이를 위해 인성을 갖추고 인간관계 능력을 키워야 합니다.

여섯째, 평생 동안 공부하는 즐거움을 누릴 수 있어야 합니다. 평생학습을 통해 어제보다 나은 나를 만들어 가는 것입니다.

일곱째, 현실에 안주하지 않고 끝없이 새로움에 도전하는 삶, 아는 대로 실천하는 삶을 살아가야 합니다.

저자는 많은 독서를 통해, 그리고 끝없는 사색과 실제 경험을 통해 위 7가지 행복한 인생의 법칙을 깨닫고 몸소 실천하면서 자녀들이 스스로 알아서 행복한 삶, 성공적인 인생을 살아갈 수 있도록 인도하고 있습니다.

자녀 교육은 한마디로 말해, '**험난한 세상을 스스로 살아갈 수 있는 힘을 길러주는 것**'이라 할 수 있습니다. 스스로 묻고, 인생의 목적을 찾고, 공부해야 하는 이유를 찾아, 스스로 실천해서 발전해 나갈 수 있도록 돕는 것이 올바른 자녀 교육입니다. 수많은 말보다 꾸준한 실천을 통해 모범을 보이는 것 이상의 교육은 없습니다.

그런 점에서 본서는 그 어떤 자녀 교육서보다 우위에 있다고 생각합니다.

사춘기 자녀들을 너무나 사랑하기에, 점점 더 자녀들과 큰 갈등 속으로 빠져 들어가는 악순환을 경험하고 있는 많은 초보 부모들에게 본서를 강력히 추천합니다.

진심 가득한 부모의 응원과
따뜻한 마음이 깃든 책

문수경(초당대학교 외래교수/가인상담심리연구소 소장)

"네 맘대로 한번 해 봐, 너는 네가 원하는 대로 될 거야."

본문에 있는 글이다. 저자가 자녀의 눈높이에서 자녀가 원하는 것을 적어 보고, 실제로 자녀들이 원하는 것이 생각보다 많지 않다며 그 정도쯤이면 부모 눈치 안 보고 마음 편히 해보라고 하면서 구체적으로 쓴 부분이 인상적이었다.

그렇다. 생각보다 자녀들이 원하는 것이 아주 거창하거나 터무니없지 않다. 물론 부모 입장에선 마음에 안 드는 것들일 수 있지만 부모들은 그마저도 허용하지 않고 통제하면서 모든 것을 자녀들이 잘하기를 바란다. 부모들이 청소년기였을 때의 마음은 잊은 채, 그 시절 우리들 부모님들이 했던 시행착오를 현재 내가 부모가 되어 우리네 부모와 똑같이 부모 노릇을 하며 자녀들이 듣기 싫어하고 듣지도 않는 잔소리를 하고 있다.

저자는 자녀와 진정한 소통을 하기 위한 방법으로 편지 쓰기를 선택하고 꾸준히 실천했다. 나 역시 자녀를 키우는 부모로서, **자녀와 소통하는 방법으로 편지 쓰기가 참으로 구체적이고 실천 가능한 방법이라는 부분에서 큰 박수를 보낸다.**

자녀 양육은 왕도가 없고 너무도 힘들다는 점은 다 아는 일이다. 그래서 오죽하면 '자녀는 잘 키워야 본전'이라고 하겠는가? 그만큼 자녀 양육이 어렵다는 뜻이리라. 나 역시 부모이면서 상담을 하고 있지만 전문가인 나조차도 부모 역할이 어렵고 자녀의 문제 행동에 맞닥뜨리면 어찌해야 할지 한참을 생각한다. 더욱이 첫아이를 키울 때 부모도 부모가 처음이다 보니 힘들고 시행착오를 겪으면서도 버틴다. 그런 과정에서 자녀와 어떤 방법으로 소통을 할 것인지가 가장 어렵고 이때 생각이 많아진다.

저자가 쓴 편지글은 자녀의 눈높이, 자녀의 입장에서 부모로서의 체면을 따지지 않고 자녀의 마음 헤아리기와 부모의 실수를 솔직하게 적어서 자녀에게 편지로 전하는 방법이어서 참으로 자상하고 현실적이다.

많은 사람이 말한다. 자녀들과 대화를 많이 하라고. 그러나 대화를 해서 서로의 의견을 표현한다는 것이 현실적으로 쉽지 않다는 것을 부모들은 안다.

부모가 자녀를 생각하며 편지를 쓰면 그 과정에서 자녀에 대한 서운한 마음이 정리되고 힘든 마음을 정제하며, 부모도 자신을 되

돌아보게 되고 한편으로는 자녀를 조금은 이해하게 될 것이다. 자녀 역시 편지를 읽으면서 부모 마음을 이해하게 되고 자신의 행동을 돌아보며 감정을 정리할 시간이 되니 그다음은 더 말할 필요가 없게, 오해도 풀리고 좋은 관계로 소통할 수 있게 될 것이다.

저자는 아버지 자리에서 편지를 통해 자녀에게 부모의 진심을 가득 담아 전달하여 자녀의 마음과 부모의 마음을 나누고, 서로의 불편함을 녹여주는 흐뭇한 관계를 만들며 자녀를 진심으로 믿어주고 버텨주는 바람막이가 되어줄 수 있는 훈훈하고 든든한 부모이지 싶다.

그리고 보니 저자는 타고난 부모 교육 실천가란 생각이 든다. 그 바쁜 공무원직을 수행하면서 어찌 이 같은 책을 낼 생각을 했는지. 부모로서의 사명감을 몸소 실천한, 사람에 대한 애정이 듬뿍 담긴 따뜻한 분으로 분명 이 시대의 어른이다.

이 책은 청소년과 관련된 일을 하는 분뿐만 아니라 부모면 누구나 읽어야 할 필독서로 강력히 추천한다. 이 귀한 책을 펴낸 저자에게 다시 한 번 감사와 존경을 표한다.

가족을 이어주는 다리, 편지

권소희(네이버 블로거 '달리')

자녀가 있는 부모라면 모두가 공감할 것이다. **자녀 교육은 정말 어려운 일이라는 걸.** 내가 낳은 아이지만, 내 뜻대로 되질 않고, 나 또한 좋은 부모가 되기란 쉽지가 않다. 그런 사실을 증명하듯, 각종 교육 프로그램과 책들이 쏟아져 나오지만, 어쩐지 하나같이 교과서적인 말들, 현실과 동떨어진 솔루션들이어서 크게 와닿지 않는다. 그런 와중에 만나게 된 것이 바로 이 책이다.

이 책은 그 어떤 책보다 교육적이고, 현실적이며, 특별했다. 가족과 주고받은 편지들을 엮어서 만든 이 책 한 권에 저자의 교육관이 고스란히 담겨 있다. 그리고 **부모의 역할이란 무엇인가, 자녀와의 관계는 어떻게 해야 할까,** 그 모든 의문에 대한 해답이 여기에 있다.

아이가 태어나는 순간, 부모와 자녀의 관계가 시작된다. '오늘부터 1일'인 것이다. 둘 다 처음 맡는 역할에 당황스럽고 낯설고 서툴다. 저자는 **부모라는 역할을 제대로 수행하기 위해서는 공부가 필요하다고** 말한다. 실제로 저자는 완벽하지 않기 때문에 항상 좋은 아빠, 훌륭한 아빠가 되기 위해 노력했고, 그 노력의 하나로 '편지'라는 매개체를 이용했다. 아이들에게 문제가 있을 때나, 하고 싶은 말이 있을 때 야단치기보다는 그동안 배우고 깨달은 것들을 편지로 전했다. **평소 말로는 전하지 못했던 속마음을 일목요연하게 정리해서 전달할 수 있으니, 이보다 좋은 것이 있을까** 싶다.

관계라는 것은 맺기는 쉽지만, 잘 유지하는 것은 어렵다. 부모와 자식 관계도 마찬가지다. 아이들이 커가면서 어쩔 수 없이 갈등이 생기기 마련이고, 그러다 보면 서로 멀어지거나 관계가 틀어지기 일쑤다. 이 책에는 이러한 **관계를 개선하기 위한 아빠의 끊임없는 고군분투기가 담겨 있다.** 인생 선배로서 아이들에게 다양한 삶의 지혜를 알려주기도 하고, 저자 본인의 부족한 부분을 사과하고 반성하며 자기성찰을 하기도 하며, 아이들에게 무모할 만큼 큰 꿈을 꾸라고 역설하기도 한다. 아이들은 이러한 아빠의 마음이 담뿍 담긴 편지를 읽으며 하루하루 자라고, 유대감을 쌓았다.

나는 이 책을 읽으며 행복한 가정을 위해 항상 공부하고 노력하는 아빠, 편지와 수많은 대화로 자녀들과 소통하는 훌륭한 아빠를

만날 수 있었다. 그리고 좋은 부모의 바람직한 본보기를 보며 나 자신을 되돌아볼 수 있었다. 부모라는 낯선 세계에 발을 디딘 분들은 물론이고 인간관계를 아름답게 만들고 싶은 분들에게 이 책을 추천한다.

공감, 그 벽을 넘어

조세란(사회복지사)

초고령화 사회로 접어든 요즘은 동네에서 어린아이들을 만나기가 쉽지 않다.

한 아이도 귀하고 소중한 요즘, 날마다 쏟아져 나오는 매체를 통해 들려오는 가슴 아픈 사건들을 접할 때마다 가장 평범하게 아이를 키울 수 있다는 것이 얼마나 감사한 일인지를 생각한다.

아이들이 가장 내 편이고 편안한 곳, 부모님의 사랑을 먹고 힘들 때마다 일어설 용기를 얻는 곳이 가정이다.

저자는 아이들과 대화하다가 어려운 상황이나 답을 얻지 못할 때는 한 템포 차이를 두어 편지를 써서 서로를 위한 답을 만들어 갔다.

또한 좋은 일, 기쁜 일에는 온 가족이 기쁨을 함께 나누는 시간을 가져 가족 간의 사랑을 몸소 실천하는 모습을 글에서 느낄 수 있었다.

한 인간의 인격체로 자녀를 바라보며 세상에 단 한 명의 이름을 갖고 살아가는 소중함을 일깨워 주는 아주 현명한 아빠다. 권위적인 아빠이기 이전에 늘 친구 같고 때로는 인생의 선배 같은 사람으로 곁에 있어 얼마나 든든한 버팀목이 되었을까?

저자는 아이의 생각이 미치지 못해도 끝까지 들어주고 공감하며, 스스로 헤쳐 나갈 수 있는 방법을 편지를 통해 들려주고 있다.

자신이 직간접적으로 경험했던 사례와 꼭 필요한 삶의 지혜를 아이들이 초등학생과 중학생, 고등학생, 성인이 될 때까지 그때그때 전혀 반항하지 않게 이야기 형식으로 이해하기 쉽게 알려 주고 있다.

이 한 권의 책에 매료되어 주변의 지인들과 많은 이야기를 나누었다.

보통 사람들의 자녀 교육법으로 이보다 더 좋은 것은 없을 것이라고 공감하며 바쁜 현실을 살아가는 수많은 부모님들이 꼭 읽어 보기를 강력히 추천한다.

자녀와 영원한 친구가 되는 편지

이병준(심리상담학 박사/『다 큰 자녀 싸가지 코칭』 저자)

2012년 『다 큰 자녀 싸가지 코칭』이란 책을 낸 이후 저는 조금 특별한 상담과 코칭을 진행하고 있습니다. 자녀 문제로 상담실을 전전했음에도 해결이 안 되어 찾아오거나 사춘기 자녀가 너무 버겁거나 심지어 무섭다는 부모들을 돕는 일입니다.

몇 년 동안 상담을 해 보니 그 이유가 같은 공간에 살고 있어도 소통이 턱없이 부족했고, 자녀들도 마땅히 들었어야 할 말을 듣지 못해 자기들 입장에서도 '뭘 어떻게 해야 할지'를 모르는 경우가 많기 때문이었습니다.

그래서 저는 부모의 판단에 꼭 해야 할 말이라면 대면해서 하거나 일방적 문자로라도 꼭 표현을 하라고 합니다. 소통은 모든 인간관계에 필요한데 특히 사춘기의 자녀들에겐 몇 배가 더 중요합니다.

이 책의 저자는 그것을 이미 실행하고 있는 사람입니다. **편지**

라는 지혜로운 방법을 통해 소통의 양을 채우니 부모자녀 간의 수평적 친밀감은 물론 부모에 대한 수직적 존경심까지 얻었습니다.

한국 남자는 대체로 말로 감정 표현을 잘 못 합니다. 그래도 천만다행인 것은 말 대신 글로 표현할 수 있다는 점입니다. 편지를 받은 사람은 몇 번이고 반복해서 볼 수 있다는 장점도 있고 편지를 쓰는 사람도 감정이 정돈된 상태에서 쓸 수 있을 뿐 아니라 글을 쓰는 행위 자체만으로도 충분히 치유 효과를 얻을 수 있으니까요.

부모들은 자녀 교육에 대해 '뭘 어떻게 해야 할지' 모르는 경우가 대다수입니다. 다행스럽게도 저자의 책은 그런 분들에게 '나도 이렇게 하면 되겠다'라는 구체적인 방법을 제시해 주고 있습니다. 따라 하기만 해도 큰 효과를 얻으실 겁니다. 왜냐하면 상담 전문가와 자녀 교육 전문가는 전공자라 해도 겨우 논객(論客)에 불과하지만 저자는 자신의 실제 사례를 통해 말하는 실행가이기 때문입니다.

이 책을 읽고, 저자의 표현처럼 자녀와 '영원한 친구'가 되기를 바랍니다.

편지보다 더 좋은 자녀 교육은 없다

0.0000001%, 내 아이는 1천만 명 중 1명.

자녀 교육에 정답은 없다. 명답을 만들어야 한다.

경험하지 않은 것에 대한 두려움은 누구나 있다. 특히 자녀를 키우는 것은 항상 초보이고, 정답이 없는 미로를 헤매는 듯한 두려운 일이다. **자녀 문제는 항상 특별해서** 네이버에서 단어 뜻을 묻듯 쉽게 해답을 찾을 수 없고 아웃소싱할 수도 없다. **부모 생각대로 강요할 수도 없고 스스로 할 거라며 가만히 있어서도 안 된다.** 그렇다고 비겁하게 책임지지 않겠다며 네 인생은 네가 책임지라고 해서도 안 된다.

한 번 실패는 영원한 실패다.

자녀를 향한 사소한 자극과 반응 하나하나가 다시 되돌릴 수 없는 이미 쏘아진 총알이다. 표적에 정확히 맞기를 바라고 방아

쇠를 당겼지만 맞지 않는 경우가 훨씬 많을 때의 그 기분? 표적은 멀리 있어서 맞추기가 너무 어렵고, 그렇다고 달려가 바로 앞에서 쏠 수도, 그래서도 안 되는 그런 안갯속 같은 상황?

사람은 **실패를 통해서 많은 것을 배우지만 자녀 교육은 실패해서 배울 수 있는 경험이 아니다.** 내가 원하는 시기에 할 수 있는 것도, 피하거나 선택할 수도 없는 일이고, 시기를 놓치면 영원히 다시 할 수 없다. **한 번도 실패해서는 안 되고 포기해서도, 포기할 수도 없다. 두 번 다시 할 수 없는 딱 한 번의 기회, 유일한 것이다.** 책이나 인터넷에서 보고 배운 것은 기본이고 상상할 수 있는 수만 가지를 예측해서 대안을 만들고 자극과 반응을 해야 한다. 하고 싶은 대로가 아닌, 어렵지만 내가 원하는 결과가 나오도록 실천해야 한다. 가끔은 더 큰 행복이 오기도 하지만, 그런 결과가 나오지 않더라도 실망하거나 포기해서는 안 된다.

부모의 자녀 사랑은 무조건적이라고 했다.

그렇게 해야 하는 줄 알았다. 아니었다. **무조건적인 사랑에 대해서는 아무리 헌신하고 배려해도 고마워하거나 보답해야겠다고 생각하지 않는다. 그러면서 혼자 상처받는다. 사랑도 전략이고 전략도 가르쳐야 한다.** 부모가 바라는 정신이 건강한 아이로 자라도록 하는 방법은 원하는 시나리오를 짜 놓고 강요하지 않으면서 보이지 않게, 느끼지 못하게 스스로 좋아서 선택하도록 즐겁게 세뇌시키는 것이다.

사춘기가 시작되는 아이들과 관계가 나빠지지 않고 부모가 원하는 방향으로 비슷하게 자라도록 하는 **가장 좋은 방법은 편지를 주고받는 것**이었다.

편지를 쓰면 나쁜 감정이 정화되어 내가 원하고 아이들에게 필요한 것을 오롯이 전달할 수 있다. 우리 아이들은 나에게 질문을 잘 하고 대화하는 것을 좋아했다. 잔소리가 되지 않을 정도로 즐겁게 대화하고, **자녀들에게 문제가 있을 때나 해 주고 싶은 말이 있을 때 야단치기보다는 그동안 내가 했던 경험을 통해 배우고 깨달은 것을 편지로 전했더니 너무 좋아하고 바르게 자라 줬다.**

아이들도 편지 내용을 오래 기억한다. 특히 자신이 쓴 내용은 훨씬 더 오래 기억하고 실천하기 위해 노력한다. 자녀로부터 편지를 받고 성장해 가는 것을 느낄 때의 행복감은 그 무엇과도 비교할 수 없다.

부모가 자녀에게 주는 무조건적인 사랑, 이상적인 사랑을 넘어 **손에 잡히는 실질적인 사랑, 현실적인 사랑을 실천하고 싶은 보통 사람들에게 도움이 되었으면 한다.** 이 책이 정답은 아닐지라도 누군가에게는 안갯속에 희미하게 보이는 등대 불같은 작은 명답 중 하나가 되었으면 하는 바람이다.

자녀를 키우면서 겪는 실수:

대화 부족, 잘못된 방법

가정은 작은 왕국이다.

하나의 왕국을 이끌기 위해서는 많은 능력이 필요하고 그러기 위해 공부를 많이 해야 한다. 부모 공부다.

워라밸 시대, 대부분의 부모가 맞벌이를 하면서 자녀 교육에 대해 고민한다. 우리 사회는 워라밸을 강조하지만 아직 현실은 녹록지 않다. 자녀를 사랑하고 정신적인 성장을 돕기 위해 대화를 많이 해야 한다는 것은 알지만 현실적으로 그것을 모두 하기가 쉽지 않다. 어렸을 때부터 유아원, 유치원, 학원 등에 애들을 맡겨놓고 있다가 중학생이 되면 "공부해라"가 대화의 전부가 되다 보면 결국 부모자식 사이가 멀어질 수밖에 없다.

요즘 아이들은 사춘기도 빨리 오고 초등학교에만 들어가면 부모와의 대화도, 함께하는 시간도 적어지면서 친구들과 함께

하고 부모에게 반항하게 된다. 그때서야 부모는 '아차' 싶어 급히 다가가려 하지만 때는 이미 늦고, 화내면서 강압적으로 지시하면 아이가 더 삐뚤어지는 게 많은 부모가 겪는 어려움이다.

나는 결혼생활이나 자녀 교육에 대해 전혀 준비하지 않고 당연한 것처럼 결혼했다. 막상 결혼을 하니 그 착한 아내와도 해결해야 할 문제가 많았고, 특히 자녀에 대해서는 더 그랬다. 아이를 낳고 보니 아이는 배 속에 있을 때가 제일 편하다는 말이 떠올랐다. 말 못 할 때는 아이가 울면 어디가 아픈지, 어떻게 해야 하는지 몰라 힘들었다. 아이들이 커 갈수록 아빠 역할을 어떻게 해야 할지 걱정됐다. 그때서야 세상을 살면서 가장 중요한 **결혼생활과 자녀 양육에 대해 전혀 공부하지 않았다는 것을 깨닫고 반성했다.** 공부를 하면서 '나는 어떤 아빠가 될까?'를 고민했다.

좋은 아빠와 훌륭한 아빠.

좋은 아빠란 아이들이 필요한 것, 원하는 것을 다 해 주고 친구처럼 친하게 지내는 아빠다. 친구란 아이들이 잘못해도 같이 하고 야단치지 않아야 한다. 그렇게 해서 아이들이 잘못되면 어떻게 해야 하는가. 야단을 친다? 그러면 친구가 아니고 선생이 되는데? 그러면 친해지지 못하고 나를 무서워하고 경계할 텐데?

훌륭한 아빠란 자녀가 잘못하면 야단쳐서 고치도록 하고, 바른 길을 가도록 가르쳐야 한다. 야단치고 가르치는 것을 좋아할

아이들은 없다. 아이들이 멀어진다. 친구가 될 수 없고 재미도 없다.

이런 딜레마 속에서 나는 많은 고민을 했다.

같이의 가치. 혼자 꾸는 꿈은 그냥 꿈이지만 함께 꾸는 꿈은 현실이 된다.

세우지 않은 목표는 절대로 이룰 수 없다는 것을 알기에, 좋은 아빠와 훌륭한 아빠가 동시에 되겠다고 불가능에 가까운 목표를 세웠다. 아이들이 잘할 때는 한없이 좋은 친구가 되고, 잘못할 때는 마음이 아프지만 잘못을 고칠 수 있도록 하겠다고 마음먹었다.

아이가 3살이 되면서 말을 하고 떼를 쓰기 시작했다. 자녀와의 대화는 빠를수록 좋다고 생각하고 그때마다 내 방식대로 하면서도 그 방법이 틀리지 않을까 걱정했다. 아이가 초등학교 들어가기 전까지는 부모에 대한 의존도가 100%인데, 나는 이때 일이 바쁘다는 핑계로 아내에게 맡겨두고 아이들과 함께하지 못했다. 당시 나는 직장에서 허리 역할을 하는 중요한 시기여서 아침 일찍 출근해서 저녁 늦게 퇴근하는 것을 당연하게 생각했고 자연히 가정에 소홀했다.

이 시각에도 그런 어려움에 봉착한 부모들이 많을 것이다. 나의 경우 아들이 큰 잘못을 하면서 내게 신호를 보내 주었다. 어떻게 해야 할지 수 없이 고민하고 시행착오를 거쳤다. 야단치지 않고도 화난 감정을 정화하여 내 마음을 오롯이 전달할 수 있는 방법, 아이들이 아빠를 두려워하지 않고 편하면서도 바르게 자라도록 하는 방법이 무엇일까 고민한 결과, **한 박자 뒤에서 내 생각을 정리하여 편지로 대화**하는 방법이 가장 좋을 것 같아 편지를 쓰기 시작했다.

엄청난 문제가 엄청난 보물이 된 것이다.

일만 열심히 하는 것은 일과 삶의 균형을 깨뜨려 비록 일에 성공하더라도 삶을 공허하게 만든다. **편지 쓰기는 바쁜 맞벌이 부부에게 일과 삶의 균형을 이룰 수 있게 하고 가정이 행복하도록 만들어 줄 것이다.**

이 책이 나와 같은 고민을 하는 사람들에게 조금이나마 도움이 되었으면 한다. **워라밸 시대에 시간이 부족한 워킹 맘과 맞벌이 부부를 위해 썼다. 편지 주고받기보다 좋은 자녀 교육은 없다고 모든 부모님께 권하고 싶다.**

2020년 8월
이영주

차 례

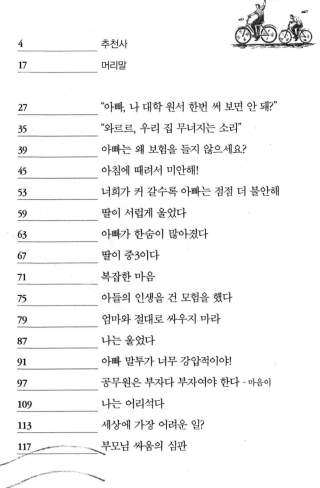

"아빠,
나 대학 원서 한번 써 보면 안 돼?"

"으~ 흐~ 흐~ 흐, 으~ 흐~ 흐~ 흐~ 흐."
나의 울음소리다.

2016년 11월 17일 수능시험을 보고 바로 19일에 서울 고시학
원을 가겠다는 딸을 데려다 주는 차 안에서 현지가 조심스럽게
물었다.

"…"

한참 차 안에 적막이 흘렀다.

나는 속으로 울면서 아무 말도 할 수가 없었다.

19세 청춘은 다른 친구들 하는 것은 다 하고 싶을 것이다. 대
부분 대학에 간다. 대학을 가고 싶어 하는 것은 당연하고, 내
마음도 물론 보내주고 싶었으나 할 수 없었다. 아니, 해서는 안

된다고 생각했다.

대학은 '인격을 도야하고 국가와 인류 사회 발전에 필요한 학문을 연구함'을 목적으로 한다. 그런데 현실은 그렇지 않다. 많은 학생들이 목적의식 없이 남이 가니까 간다. 부모도 마찬가지다. 가지 않으면 자녀 인생이 잘못될까 걱정되고, 보내지 않으면 나쁜 부모라고 비난받을까 봐 어쩔 수 없이 보낸다. 대학에 있는 동안은 심리적으로 편하기 때문이다.

한참 후에 나는
"현지야, 미안해. 아빠도 그렇게 해 주고 싶어. 다른 친구들 다 가는데 너도 당연히 가고 싶겠지…. 너는 공부를 다른 친구들보다 훨씬 열심히 했지만, 목숨 걸고 하지 않았기 때문에 안되었다고 했지? 대학 원서를 쓴다면 네가 배우고 싶은 학과에 쓰기보다는 분명히 합격할 수 있는 곳에 쓸 거야. 대학에 합격하면 네가 공무원 시험 공부할 때 마음이 더 편할 수도 있겠지. 그런데 공무원 시험은 대학 시험보다 훨씬 더 어려운데, 너는 생각 안 할지 모르지만, 공무원 떨어지면 학교에 가면 된다고 네 세포는 느낄 거야. 물러날 곳 없이 죽을 각오를 하고 해도 합격하기 어려운데 대학에 합격하면 정말 더 어렵지 않겠니? 대학에 합격하는 것이 너에게 도움보다 해가 더 될 거라고 생각해. 지금까지 열심히 했기 때문에 몇 년만 더 하면 분명 합격할 거야. 공무원 합격하고 대학에 가면 안 되겠니? 정말 미안해. **대학**

에 못 가는 것이 아니라 몇 년만 미루는 거야"라고 조심스럽게 말했다.

현지는 내 마음을 알았는지 바로 "아빠, 알았어"라고 해 주었다.

사람들은 대부분 비겁하다.

나는 아이들이 어렸을 때부터 학교 공부도 중요하지만, 자기가 잘하는 것, 좋아하는 것을 하라고 했다. 많은 전문가들이 하는 말이다. 옳고 그름을 떠나서 다른 사람들이 하는 것을 따라 하면 편하고 다르게 하면 불안하다. 가치관이 확실하지 않을 때 나를 포함한 대부분의 부모가 선택하는 방법이다.

초등학교 저학년 때까지는 그 말이 맞았다. 저학년일 때는 다른 아이들과 차이가 났으나 차츰 비슷해졌고 아이들도 점점 흥미를 잃었다. 자신만이 특별한 것이 아니라는 것을 안 것이다. 중학생이 되면서 점점 더 불안했다. 딸 성적은 중간 수준? 아들은 하위. 엄마, 아빠가 공무원이면서 아이들에게 공부도 안 시킨다는 얘기가 들렸다. 형님은 나에게 아이들이 커서 뭐가 되게 하려고 그러냐고 했다. 강제로 시키면 더 잘할 것이라는 것을 알지만 그 시기도 이미 지나 버렸다. 내가 영원히 같이 해 줄 수도 없고 하라고 할 수도 없다는 것을 안다. 나는 비겁하다.

딸은 고민할 것 없이 영암여고에 갔다. 타지로 가고 싶어 하지도 않았고 갈 실력도 안 됐다. 이것이 오히려 다행이었다. 학교 공부도 중요하지만 공부란 평생 하는 것이기 때문에 자기가 하고 싶고 필요할 때 하면 된다고 생각했다.

목표가 있으면 잠재 능력이 활동한다.

딸은 중학교 때까지 하고 싶은 것이 있긴 한데 그것이 확실한지 잘 모르겠다고 했다. 더 고민하더니 **고등학교 1학년 때 공무원을 해 보겠다고 했다.** 그때부터 급속도로 공부에 집중하더니 그 결과 기적을 만들어 냈다. 1학년 말에 전체 석차가 51등이나 올랐다. 얼마나 놀라운 일인가! 목표를 정한 것만으로도 숨어 있던 잠재 능력을 500% 끌어낸 것이다.

고3 때부터 공무원 시험을 봤으나 합격선에는 턱없이 부족했다. 그래도 포기하지 않아 다행이었다. 열심히 하면 가능하겠다는 자신감을 갖고 혼자 인터넷으로 서울에 있는 고시학원에 상담 예약을 해놓고는 여름방학 때 가서 상담하고 1년분 학원비를 한꺼번에 다 주고 왔다.

딸은 스스로 독 안에 든 쥐가 되는 선택을 했다.

서울에 올라갈 때 딸에게 스마트폰을 사 주겠다고 했더니 그것이 있으면 공부에 집중하지 못할 거라며 안 사겠다고 했다. 공부하면서도, 집에 왔을 때도 친구들에게 전혀 연락하지도 않고 집 밖으로는 나가지도 않았다. 그동안 고생했으니까 밖에 나가서 친구들도 만나고 좀 놀고 가라고 했는데도 시험 당일 올라가거나 집에서 잠만 자고 바로 올라갔다.

"현지야, 왜 밖에도 안 나가고 친구도 안 만나니?"

"친구들 만나면 마음이 약해질 것 같고 밖에 나가면 아는 사람 만나게 되고 그 사람들이 뭐 하냐고 물어보면 대답하기 곤란할 것 같아서 그래."

현지는 학원에서도 동료들과 공식적인 인사만 하고 친하게 안 지낸다고 했다. 친해지면 얘기하고 싶고 그러면 시간을 빼앗겨 공부에 집중하지 못하기 때문이라고 했다. 대학도 안 가고 친구도 안 만나면서 시험에 떨어지면 자기가 쪽팔린다는 얘기였다. 마음이 아팠다.

현지가 전화해서 엉엉 울었다.

학원 선생님께서 영어 기초가 너무 없다고 했다는 것이다. 쪽팔림은 독한 마음을 먹게 한다. 독 안에 든 쥐는 독을 만든다. 독방은 강한 인간이 창조되는 공간이다. 첫해 시험을 4번 봤는데 자기 실력을 아는지 합격자 발표도 확인하지 않았다. 나는 5년 안에만 합격하면 된다고 생각하고 공부에 지치지 않기만 간절히 바랐다.

2018년 6월 전남 지방직을 봤다.

점심 먹으며 채점을 하더니 좀 어렵겠다고 했다. 다행히 실망하기보다는 영어를 잘 봤다며 좋아해서 대견했다. 7월에 합격자 발표하기 전에 도청 아는 형님께 물어봤더니 그 점수는 어려울 거라고 했다. 당연히 안 될 거라 생각했기 때문에 서운하지 않았다.

그런데….

[이현지 합격]

기적이 일어났다. 내가 합격한 것보다도 더 기분 좋았다. 이번에 문제가 어려워서 합격선이 낮아졌단다. 문제가 어려웠는데도 현지는 평소 자기 실력의 200%를 발휘했기 때문에 합격한 것이다. 5년을 계획했는데 '1년 반' 만에 합격해 버렸다. 얼마나 감동적인가!

스마트폰, 친구, 쉬는 것, 대학을 미룬 것, 영어 실력이 없다는 선생님의 직언, 쪽팔림과 목숨을 건 노력의 대가다. 무엇보다 공무원이 되겠다는 강한 목표를 가지고 스스로 독 안에 들어가서 독을 품고 잠재 능력을 끌어내어 새롭게 태어났기 때문이다.

세상 모든 사람들에게 자랑하고 싶었다. 서울대학교 합격한 것보다도, 사법고시에 합격한 것보다도 좋았다.

지금 현지는 공직생활을 하면서 만족하고 있다. 어려서 적응하지 못하면 어쩌나 걱정했는데 젊어서 그런지 나보다도 더 잘하고 있다. 현지는 자기가 **대학을 가지 않고 공무원을 택한 것은 탁월한 선택이었다고** 했다.

석현이는 고3 때 나와 미션을 수행하면서 자존감을 키웠고, 자격증도 캐드와 목공, 도장까지 무려 3개를 취득했으며 운전면허증까지 땄다. 게다가 졸업도 하지 않은 학생이 군대를 지원해서 2019년 3월에 입대하여 군 생활을 충실히 하고 있다. 지금도 자기가 잘하는 것, 좋아하는 것이 무엇인지 매일 고민하고 있다고 한다.

나를 필요로 하는 사람으로 만들어야 한다.

직업은 내가 원하는 곳이 아니라 나를 필요로 하는 곳을 택하라고 했다. 안타깝게도 내가 원하는 곳은 가기 어렵고, 나를 필요로 하는 곳은 거의 없다. 준비 없이 어떤 일도 이룰 수 없고 한 번에 되는 일도 없다. 자주 반복해서 익숙해지기 전에는 처음엔 다 어렵다. 하고 싶은 일과 할 수 있는 일을 구분해야 한다. 할 수 있는 일에 집중하고, 하고 싶은 일은 취미로 부담 없이 즐기면 된다. 그러다 보면 어느 날 '할 수 있는 일'이 '하고 싶은 일'로 바뀔 것이다. **지금 하고 있는 일을 열심히 하면 잘하게 되고, 잘하면 좋아하게 되고, 하고 싶은 일이 되어 자신의 천직이 된다. 좋은 일, 훌륭한 일을 천직으로 만들면 된다.**

아이들에게 이런 날이 빨리 왔으면 좋겠다.

"와르르,
우리 집 무너지는 소리"

위기는 기회다.

초등학교 5학년인 아들이 학교에서 돈을 훔치다 들켰다. 항상 착한 아들이 상상하지도 못한 일을 저질러서 우리 집이 무너지는 듯한 큰 충격을 받았다. **화가 나서 야단치고 싶었지만 참았다.** 나도 충격이었지만, 아들이 이 일로 자신감을 잃고 기죽지 않을까 걱정돼서 말로가 아닌 편지로 나의 마음을 전했다.

며칠이 지났지만 아들이 기죽지 않고 평소처럼 자연스럽게 행동해서 다행이었다.

석현아, 나는 어른이 되어 '아빠'가 되면 소중한 사람에게 말이 아닌 글로써 내 생각을 전해야겠다고 생각했었어. 나의 가장 소중한 보물인 네가 이번에 실수를 한 것 같아 이렇게 편지를 쓰게 되었구나. 이렇게 편지 쓸 계기를 만들어 줘서 고마워.

너의 행동이 옳건 그르건 그동안 생각만 하고 실천하지 못했는데 실행하도록 한 것만으로도 이번 사건이 아주 소중하다고 가치를 매길게.

사랑하는 아들아! 너는 나를 많이 닮았어.

약간? 겁이 있긴 하지만 그것은 신중하다는 말이니까 무모한 것보다 낫다고 생각해. 정말로 용기를 내야 할 때에는 반드시 용기를 낼 거라 믿기 때문에 오히려 네가 나보다 더 현명한지도 모르겠어. 나처럼 너는 성격도 좋고 친구도 많고 유머도 많아. 음식 먹는 것을 보고 있으면 뿌듯하고 특히 만들기는 정말 잘하더라. 대단해.

엄마한테 네가 한 일에 대해 들었을 때 정말 놀랐어.

'그렇게 착한 애가 도대체 어쩌다 그랬을까? 친구와 같이 했다는데 석현이가 주동한 것은 아닌가? 혹시 친구들에게 왕따 당해서 기죽지는 않을까? 이번 사건에 대해 부모로서, 사회의 선배로서 어느 선까지, 어떤 방법으로 말해야 할까?'

그래서 '내가 너라면 잘못했을 때 내가 어떻게 해줘야 네가 강하고 훌륭한 사람이 될까? 어떻게 해야 나를 훌륭한 사람이라고 생각하면서도 어려워하지 않고 친구처럼 좋아할까?'를 생각해 봤어.

"좋은 아빠와 훌륭한 아빠", 동시에 둘 다 되기는 참 어렵더구나. 너희를 키우면서 가장 어려운 것이 그것이었어. 평소에는 좋은 아빠가 되고 중요한 순간에는 비록 나쁜 아빠가 되더라도 너희에게 필요한 말과 행동(?)을 해 줘야겠다고 생각했어. 넌 아빠의 행동이 뭔지 알지?

석현아, 이번 일은 네가 어떻게 하느냐에 따라 네 인생을 지옥으로 만드는 영원한 위기가 될 수 있고, 천국으로 만드는 엄청난 기회가 될 수도 있을 거야. 이번에 들키지 않았다면 너는 계속 나쁜 짓을 했을 것이고, 차츰 죄의식도 느끼지 못하게 되어 영원히 잘못된 삶을 살았을 거야. 아마도 네가 훌륭한 사람이 되라고 들킨 것 같아. 그 덕에 너는 이번 행동이 엄청나게 큰 잘못이라는 것을 깨달았고 다시는 이런 잘못을 안 할 거야. 뿐만 아니라 너의 잘못을 스스로 용서하기 위해서는 앞으로 선행을 많이 쌓아야 한다는 것도 알았을 것이고. 그럼으로써 네 인생 전체가 선행을 실천하는 훌륭한 삶이 될 거야. 그렇게 생각하지 않니? 이 정도면 이번 위기는 엄청난 기회가 맞지? 너무 멋지다. 그치?

그래도 네가 먼저 하자고 한 것이 아니라고 해서 다행이야. 이번 일로 알았겠지만 친구가 나쁜 짓을 하자고 했을 때 거절하기란 참 어려운 일이지? 남이 보지 않을 때는 더욱더 그렇고. 나도 어렸을 때 그랬어. 그러니 다음부터는 친구를 사귈 때 좋은 친구를 사귀고, 친구가 나쁜 짓을 하자고 하면 잘 타일러서 나쁜 일에 빠지지 않도록 잘 이끌어 줘. 그러면 나중에 그 친구는 너를 훌륭한 친구로 생각할 거야.

석현아! 세상에 할 수 없는 것은 없다고 했지? 할 수 없다고 생각하는 사람만 있을 뿐이라고. 너는 이제 겨우 12살이야. 우주에다 집을 짓는 건축가가 될 것이라고 상상하면 너무 멋지지 않니? 물론 못 할까 봐 걱정도 되겠지만 꿈인데 뭐 어때? 꿈마저도 꾸지 못하는 사람들이 얼마나 많은데. 아빠가 항상 응원해 줄게.

2011년 12월 27일
네가 좋아하고 존경하는 친구가

아빠는
왜 보험을 들지 않으세요?

사람은 왜 사는가?
행복이란? 열심히 사는 것.

"아빠는 왜 보험을 들지 않으세요?"라고 아들이 물었다. 세상을 살아가는 데 돈도 중요하지만 사람이 사는 이유와 돈보다도 중요한 것이 '열심히 사는 것'이라고 알려 주었다.

석현아, 아빠는 어렸을 때 '사람은 왜 사는가?'에 대해 고민을 많이 했었어.

사랑하기 위해서?

성공하기 위해?

이왕 태어났으니까?

어쩔 수 없이?

등등.

"어려울수록 재미있다"고 했어. 해보니 그렇더라?

"왜?"라는 질문을 두고 "나는 좋은 사람이다"라는 가정하에 훌륭한 이유를 찾기 위해 생각 많이 했어.

그 결과 사람들이 하는 모든 말과 행동이 **"행복하기 위해서"** 하는 것 같았어. 네 생각은 어때?

그러면서 "행복하기 위해서는 무엇이 필요할까?" 하고 자주 생각해 보았어. 아마 너도 벌써 그것을 생각하는 것 같구나. 너무 성숙한데?

'모든 문제는 답이 있다'는 거 알지? 아빠는 비록 정답을 찾지는 못할지라도 필요한 시점까지는 나름대로 최선책을 정하곤 했어. **내용보다 시점이 중요하니까.**

그러면서 **'어떻게 하면 행복할까?'**에 대해 항상 고민하고 나름대로 답을 내려보고, 아니다 싶으면 수정하기를 여러 번 반복했어. 그러던 어느 날 안경에 낀 성에가 없어지면서 세상이 밝게 보이듯 『러셀과의 대화』라는 책이 내 머리를 밝게 해 주더라? 그 기분 알지?

"첫째, 건강. 둘째, 일의 성취감. 셋째, 원만한 대인관계. 넷째, 가난을 면할 수 있을 정도의 부"라고 행복의 조건을 간단명료하게 정의하면서 그 이유를 설명해 놓았더구나.

20대 초반의 나로서는 이보다도 더 좋은 답을 찾기 어려웠어. 그때부터 행복하기 위해 이 조건을 평생 갖추며 살아야겠다고 매년 목표를 정하고 노력하며 살았어. 그렇게 하면 행복해질 것 같아서 벌써부터 행복하더라?

어떻게 보면 **"행복의 조건을 갖추기 위해 노력하는 것이 사람이 사는 이유가 아닌가?"**라는 생각도 들었어.

이상의 네 가지를 행복의 조건이라고 20년 이상 굳게 믿고 실천했더니 그것이 나를 행복하게 해 주었고, 이만큼 성장시켜 준 것 같아.

40살이 지나고 행복하게 살고 있는 나를 보았을 때, 쑥스럽지만 나 스스로가 대견하고 뿌듯하더라.

그때 나를 되돌아보며 '지금 내가 행복한 이유가 무엇 때문인가?'에 대해 다시 생각해 봤을 때 그것은

첫째, 건강을 지키기 위한 꾸준한 운동. 그 결과 과거보다 좋아진 건강.

둘째, 어렵지만 도전해서 해냈던 많은 일들에 대한 순간순간의 성취감.

셋째, 평생 같이하고 싶은 친한 친구가 최소 3명 이상은 되고, 주위 사람들에게 듣는 좋은 평판. 목표가 없었으면 생각지도 못했을 원만한 대인관계.

넷째, 가난을 면할 수 있을 정도의 부. 내 기준은 2천만 원이었어. 2천만 원이면 암 수술을 받을 수 있을 것 같았거든? 20살 때 내 전 재산은 내 몸밖에 없었는데 지금은 너를 포함해서 어마어마하게 많지?

다른 사람들에게 자랑할 정도는 아니지만 내가 생각했을 때는 부끄럽지 않은 20년을 살았다고 생각해. 목표를 향해 열심히 노력한 일이 항상 행복했어.

그러면서 조금씩 더 자신감이 생기고 더 행복해지더라? **'자신감'**도 '행복의 조건'이고, 사랑, 칭찬, 감사, 인정, 열정, 용기, 웃음, 이해, 배려, 도전, 사명, 희망, 봉사, 깨달음 등 **'긍정적 가치관'**도 나를 행복하게 해 주는 소중한 조건이라는 것을 20대에는 몰랐지만 살면서 알았어.

행복의 조건을 갖추기 위해 노력하는 것도 물론 행복했지만 손에 잡히지 않는 긍정적 가치관과 좋은 습관을 실천하는 것이 나를 더욱 더 행복하게 해 주었어. 이해가 되니? 그중에 제일 중요한 것은 당연히 '건강'이야.

다시 한 번 내가 행복의 정의를 내린다면 한마디로 **'행복이란 열심히 사는 것이다'**라고 할 거야.

건강만 한다거나 돈이 많다고 행복한 것은 아닌 것 같고, 여러 가지가 **'균형과 조화'**를 이루고 많은 것을 시도하면서 **열심히 살**

아가는 것이 행복의 조건이고 그 자체가 바로 행복이라는 생각이 들더라.

나의 행복은 모든 사람을 행복하게 해 주는 거라는 거 알지? 나의 목표고 사명이야.

보험에 대해 얘기를 하려다 서론이 너무 길었구나.

보험이란 미래의 불안에 대비하여 미리 일정액을 장기적으로 부담하고 사고가 발생했을 때 보상받는 거래.

내 경험에 의하면 보험은 필요가 없었어.

미래의 큰 위험이라고 하는 것은 암과 같은 치료가 어려운 큰 병이나 사망 등이라고 생각해. 통계를 보면 보험 들어서 혜택 본 경우는 10%가 안 된대. 불입 기간이 너무 길기 때문에 반 이상이 중간에 해약하지. 사고가 나지 않으면 원금밖에 못 받는다거나 아예 원금도 못 받는 경우도 있어. 허망하지 않니? 그리고 평생 그런 일이 한 번도 안 일어나면 좋고. 많아야 한두 번?

그럼 위험에 대비해서 어떻게 해야 할까 생각해 봤어. 보험을 들어야겠다고 생각하는 순간 적금을 들면 되겠더라? 그러면 급한 경우에 필요한 돈은 충분할 것 같아.

그뿐만 아니라 복지사회가 되면서 큰 병은 국가에서 도와주는 경우도 갈수록 많아지고 있어.

공무원은 직장에서 보험을 공짜로 들어주거든?

자동차보험은 의무적으로 가입해야 한다는 거 알지? 자동차 사고로 보험 혜택을 받으면 다른 보험금이 안 나오는 경우도 있어.

이럴 때 참 속상하지. 그래서 보험을 안 드는 거고. 아니 필요를 못 느끼는 거겠지?

집을 산다거나 가족에게 문제가 생겼을 때 보험으로는 해결할 수 없으나 예금은 쉽게 활용할 수 있지.

너희 결혼할 때도 내가 조금 보태줄 수 있지 않겠니?

미래를 위해 보험이나 예금보다도 더 중요한 것이 건강이라는 거 알지? 건강은 모든 것의 기본이지. 기본이란 가장 중요하다는 거야. 운동을 재밌게 하면서 건강을 지킬 수 있다면 세상에 그보다 좋은 게 뭐가 있겠니?

석현아, 네가 궁금한 것을 물어봐 줘서 고마워. 그래서 또 이렇게 내 생각을 말하게 되었네? 네가 완벽하게 이해하지 못해도 괜찮아. 차츰 알게 될 거야. 인생은 선택이고 선택은 기회라고 하더라. 어떤 선택을 하느냐에 따라 행복과 불행이 결정될 거야. 선택 중에서도 **'마음의 선택'**이 가장 중요하다고 생각해. 너는 네 이름처럼 항상 명석하고 현명한 선택을 해서 행복하게 잘 살 거지?

2012년 1월 26일

항상 현명한 선택을 하는 너를 사랑하는 아버지가

아침에 때려서 미안해!

용기는 삶을 바꾼다.

　어버이날 아들 편지를 받고 화가 나서 때렸다. 초등학교 6학년인 아들을 때린 것이 미안해서 사과도 하고 철이 들었으면 하는 마음에 인생의 가장 기초가 되는 건강과 좋은 습관의 중요성에 대해 말해 주었다.

석현아, 아침에 때려서 미안해. 많이 아팠지.

너에 대한 기대가 너무 커서 화가 더 많이 난 것 같아.

네 입장에서 생각해 보면 편안하게 컴퓨터 하고 싶은 것이나, 용돈을 많이 받고 싶은 것은 당연한데 그래도 어버이날이기 때문에 네가 "엄마, 아빠 감사합니다. 사랑합니다" 정도는 할 줄 알았거든….

"이 또한 지나가리라."

이번 일을 계기로 나는 전보다도 더 신중할 것이고 더 성장할거야. 아빠 믿지?

아빠는 네가 하고 싶은 것을 다 할 수 있도록 해 주고 싶어. 그런데도 네 친구들과 비교했을 때 아빠는 논리적인 이유로 네가 하고 싶어 하는 것을 못하게 하고 있지? 미안해. 아빠가 그렇게 한 것은 다 이유가 있어. 사람들은 하고 싶은 것, 하고 싶지 않은 것, 해야 할 것, 하지 말아야 할 것을 항상 선택하면서 살아가더라. 그것을 잘하기 위해 우리는 많은 공부를 하고 실행력을 키우겠지? 하고 싶은 것은 어렸을 때나 어른이 돼서도 언제 어디서나 본능적으로 할 수 있지만, 해야 할 일은 많은 노력과 꾸준히 반복해야 한다는 것을 알 거야. 그런데 어려서 하고 싶은 것만 하다가 습관이 돼 버리면 다음에 해야 할 일을 습관처럼 하기란 정말 어려워.

"좋은 습관은 만들기는 정말 어렵지만, 평생 행복을 주는 보물이다. 나쁜 습관은 나도 모르게 몸에 배지만, 평생 갚아야 하는 빚이다"라는 말이 있어. 이해되니?

너는 지금 너의 좋은 습관과 나쁜 습관이 무엇인지 잘 모를 수 있지만 명심했으면 좋겠어.

"습관은 보물도 되고, 재앙도 된다. 내가 습관을 만들지만 습관이 나를 만든다"는 것.

네 인생의 기초를 튼튼하게 해 주는 것이 부모 입장에서 해 줄 수 있는 최고의 사랑이라고 생각해.

아빠가 살면서 가장 중요하다고 생각하는 것이 있어.

첫째가 **"건강"**이야.

"돈을 잃은 것은 약간 잃은 것이고 명예를 잃은 것은 많은 것을 잃은 것이지만, 건강을 잃는 것은 모든 것을 잃는 것이다"라고 하더라. 건강은 목숨보다도 중요하다는 말이야. 많은 사람들이 건강을 위해 운동을 하지?

그렇지만 그보다 중요한 건 오락을 하기 위해서 건강해야 하고, 놀기 위해서도 그렇고,

사랑하기 위해,

공부하기 위해,

성공하기 위해,

맛있는 것을 먹기 위해,

모든 사람을 행복하게 해 주기 위해,

모두가 행복한 세상을 만들기 위해,

이렇게 많은 것을 하기 위해서는 반드시 건강해야 한다는 거야. 우리 같이 항상 건강에 신경 쓰도록 하자.

둘째는 **"좋은 성격"**.

너는 아직 어리기 때문에 해 본 것보다는 안 해 본 것이 훨씬 더 많지? 지금까지는 대부분 쉬운 일들이었지만 앞으로는 어려운 일들을 해야 할 거야. 예상하지 못한 어려운 일들이 나타났을 때 두려워하고 피한다면 문제는 해결되지 않고 더 커질 거야.

그런데 '**모든 문제는 답이 있다**', '**문제가 클수록 보물이 크다**'라고 긍정적으로 생각하고 적극적으로 대처한다면 즐기면서 해결할 수 있을 거야. 아빠가 장담하건대 99%는 모두 해결할 수 있어.

'**좋은 성격**'은 세상을 살아가는 데 가장 기본이라고 할 수 있는 사람들과의 관계에서도 많은 도움이 될 거야. 대부분의 사람들은 '밝고 상냥한 성격을 가진 사람, 긍정적이고 적극적으로 행동을 하는 사람'을 좋아하게 되어 있대. 자기와 닮아서도 좋아하고 자기에게 없는 것을 가지고 있어서 부러워서도 그런다는 거야. 좋아해 주는 사람이 많으면 자신감이 생겨서 일도 잘 해결되더라? 이렇게 좋은 것은 더 좋은 것을 만들어내는 선순환이 반복되고 너의 인생은 항상 행복한 일로 가득 찰 거야. 상상해 봐. 기분 좋지 않니?

셋째는, "끈기".

"끈기는 두뇌, 가문, 배경, 돈보다 중요하다"라고 했어. 모든 일은 시작을 해야 하고, 포기하지 않고 끈기 있게 해야만 성공할 수 있어. 끈기 있게 하다 보면 내 능력이 커지기도 하지만, 문제의 성격을 알게 되어 대부분 해결할 수 있다고 했어. 인내는 엄청난 성과와 행복을 가져다준다는 거야.

넷째는, "용기와 신중함".

'1분의 용기가 운명을 바꾼다'고 했어. 용기를 낸 사람과 안 낸 사람은 분명히 다르다는 거 알지? 용기를 내기까지가 힘들지만 일단 용기를 내고 나면 별것 아니야.

'시작은 언제나 옳다'고 했어. 네가 생각한 것을 바로 시작하는 거야. 생각이 비록 정답이 아닐지라도 하면서 명답으로 만들면 되잖아?

아빠가 좋아하는 시로 대신 설명할게. 나는 이것을 보이는 곳에 놓고 자주 읽어 보며 스스로 마음을 다졌어.

용기는 삶을 바꾼다

행동은 용기 있고 신중하게 해야 합니다.
죽은 사자의 수염은 토끼도 뽑을 수 있으며,
배를 타고 건너는 강은 개미도 할 수 있습니다.
용기는 결코 가볍게 웃어넘길 일이 아닙니다.
용기 없는 도전의 결과는 실패뿐이며,
하지 않아야 할 한 번의 양보는 결국 양보하는 삶으로 마감하게 됩니다.
정신의 힘은 육체의 힘보다 강하며,
연약한 정신은 연약한 육체보다도 더 많은 것을 잃게 만듭니다.
맨 마지막에 쓰기 위해 비축해 둔 힘을 차라리 처음부터 썼다면 훨씬 나은 결과를 얻는 경우를 우리는 경험하게 됩니다.
유능함을 간직한 사람들도 용기가 없으면 죽은 사람처럼 삶을 한 번 펴지도 못하고 마감하게 됩니다.
당신의 육체에 신경과 뼈가 있듯이, 당신의 영혼에도 연약함만이 있는 것이 아닐 것입니다.

용기 있게 도전하십시오.

다섯째는, "감사".

감사하는 마음에는 묘한 마력이 있더라. 세상에는 감사할 일이 너무나도 많았어. 당연하다고 여겼던 것들을 소중하다고 생각하니까 감사의 마음이 주체할 수 없을 만큼 솟아나는 거야. 살아 있는 것도, 건강한 것도, 사랑하는 너희가 있다는 것 등 사소하다고 여겼던 모든 것들이 다 감사할 일이었어.

너도 항상 감사의 표현을 했으면 좋겠어. 감사하면 그 말을 듣는 사람은 기분 좋아지고 너를 더욱더 좋아할 거야. 말로만이 아니라 행동과 선물로 표현을 하면 더욱 좋겠지?
　몸 짱, 얼굴 짱보다 **"생각 짱, 마음 짱"**이 더 중요하대.
　감사의 생활을 하면서 너의 생각과 마음을 최고로 멋지게 만들기 바라.

2012년 5월 9일

네 인생의 기초가 되어 줄 아버지가

너희가 커 갈수록
아빠는 점점 더 불안해

즐길 줄 아는 능력이 최고의 능력이다.

아이들이 공부를 하지 않아 불안하다. 그렇다고 강요하지도 못한다. 아들은 왜 공부를 해야 하는지도 모르고 게임만 한다. 딸은 공부를 해야 한다는 건 알지만 실천하지 못한다. 아이들을 걱정하며 시기를 놓치지 않도록 하기 위해 내가 살면서 느꼈던 것을 얘기해 주었다.

우리나라는 세계 200여 개 나라 중에서 가장 빨리 경제 발전과 민주주의를 동시에 이룬 나라야.

어렸을 때는 상상도 못했던 것들을 지금 하고 있어. 내가 집과 차를 살 거리고는 전혀 생각 못 했어. 우리 집은 가난했고 차나 집은 너무 비쌌지.

어릴 때 생각해 보면 차를 타고 읍내에 갈 때 띄엄띄엄 보였던 전봇대가 우리 마을에 세워지는 것이 신기했고, 호롱불 대신 대낮같이 밝은 전깃불을 봤을 때 얼마나 놀랐겠니? 라디오에서 사람 소리와 노래가 나오고, 부잣집에 텔레비전이, 컴퓨터와 인터넷, 삐삐와 핸드폰, 스마트 폰이 내 생각보다 훨씬 더 빨리 나오더라.

용돈이라는 것은 상상도 못했고 아빠는 어렵게 고등학교를 졸업했어. 그런데도 재밌는 추억이 있다? 과자 사 먹으려고 버스비 100원을 아끼기 위해 4km나 되는 학교를 걸어 다녔어. 그 과자가 얼마나 맛있던지.

너희 할머니이신 우리 어머니는 주무시다 일어나서 늦게까지 공부하는 나를 보면, 안타까운 목소리로 "영주야, 이제 그만 하고 자라"라고 하셨어.

그 말이 무슨 뜻인지 알지?

그 뜻은 "아들아, 미안허다. 우리는 돈이 없어서 너는 대학에 못 보내것다"라는 말이라는 것을…

그 말을 들을 때면 항상 가슴이 뭉클해지고 어머니가 안타까워 눈이 저절로 번쩍 뜨여서 공부를 더 열심히 할 수밖에 없더구나. 고생하시는 부모님을 위한 유일한 방법은 공부밖에 없다고 생각했어. 지금도 집과 사무실에서 너희도 아는 것처럼 공부를 열심히 하고 있어. 20년 이상 되니까 나름 재미도 있더라? 일이나 공부나 즐기라는 선현들의 말씀, 맞는 말이었어. **"즐길 줄 아는 능력이 최고 능력"**이라는 생각이 들더라.

잔소리가 길었구나.

이제부터 내가 불안한 이유를 말할게.

이렇게 우리나라가 발전한 것은 많은 사람들이 돈을 벌고 신분 상승을 하기 위한 수단으로 공부를 선택했기 때문이야. 우리나라 교육열이 세계 1위라는 거 아니? 자신은 못 먹고 못 입어도 자식들은 가르치겠다는 부모님들의 숭고한 희생 덕분이지.

우리 인간을 성장하게 하는 가장 위대한 것은 고난과 역경이라고 했어. 안타깝게도 아빠는 너희에게 고통을 줄 수 없단다. 왜 그런지 알지? 강요하면 공부를 더 열심히 할 거라는 것을 알아. 그런데 그것은 한순간이지 오래가지 못할 거야. 필요하다고 못 느끼면 어떤 것이든 계속하기 어렵거든. 나는 너희가 그 필요성을 느끼도록 많은 얘기를 해 주면서 기다리는데 지금 너희는 중학교 2학년과 초등학교 6학년이 되었는데도 그것을 못 느끼는 것 같아서 안타깝고 불안해. 그렇다고 강요할 수도 없고. 기다리는 수밖에…. 물론 학교의 우등생이 사회의 우등생이 되는 것이 아니라는 것도 잘 알아.

너희는 지금 씨앗을 뿌리고 가꾸는 시기야.

현지 너는 공부를 해야 한다는 것을 느끼긴 하지만 실천하지 못하는 것 같아서 안타까워.

식헌이는 아직 왜 공부를 해야 하는지도 잘 모르는 것 같아. 네가 그렇게 생각하는 것이 어쩌면 당연하지. 나도 어렸을 땐 그랬으니까. 너도 언젠가는 공부를 열심히 할 거라 믿지만 문제는 그 시기가 너무 늦어 버리면 안 된다는 거야. 봄에 씨앗을 뿌리고 여름에 열심히 가꾸어야 가을에 수확하여 겨울에는 편히 쉴 수 있지.

아빠가 지금 하는 걱정이 더 커지지 않았으면 좋겠어.

맛있는 음식보다, 예쁜 옷보다도 좋은 것이 성취감이야. 마음이 뿌듯하고 당당해져. 그것을 즐기는 사이에 나도 모르게 자신감이 커졌고 또 다시 도전하고 싶었어. 석현이도 스스로가 뿌듯하게 생각하는 그런 사람이 될 거라고 믿어. 좋아하는 음식을 먹으면 맛있지? 운동을 하면 재미있고. 밥이나 운동처럼 공부도 평생하면서 항상 행복했으면 좋겠어.

아빠가 너희에게 주는 유산은 큰 집도 많은 돈도 아니야. 바라지도 않았겠지만, 그것은 세상을 행복하게 살 수 있도록 해 주는 것들이지. 돈보다는 훌륭한 마음과 열정, 긍정적 사고와 적극적

행동, 좋은 습관 등 눈에 보이지도, 손에 잡히지도 않은 것들이라는 것을 잘 알 거야. 미안해. 야박하다고 하지 말아 줘. 이 유산은 내가 죽어서 주는 것이 아니야. 너희가 태어나면서부터 주고 있어. 사랑하는 우리 현지와 석현이는 날마다 주는 유산의 가치를 잘 알지?

혹시 아빠가 기다리는 것을 힘들어하거나 지쳐 보이면 너희가 조용히 말해 주렴. "아빠, 힘내세요. 아빠, 조금만 더 기다려 주세요"라고.

2012년 6월 28일
엄청난 보물의 주인이

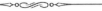

딸이 서럽게 울었다

숙제하려고 컴퓨터를 고쳐 달라고 했는데 오락하려고 그런
줄 알고 오해해서 야단을 쳤다. 딸은 억울해서 펑펑 울었다. 딸
에게 용서를 구하고 아이들이 삶에 대해 고민하는 것을 즐기기
바라면서 썼다.

현지야, 미안해. 아빠 한 번 봐주면 안 될까?

사람들은 보통 아파서 울고, 슬퍼서, 감동해서, 기뻐서 울더라. 오늘 우리 딸은 이 많은 이유가 아니라 억울해서, 어떻게 할 수 없어서 울었을 거야. 그 갑갑한 심정을 아빠도 알아.

나도 어렸을 때 부모님이나 상사한테 오해받았을 때 정말 억울 해서 운 적 있어. 내가 그런 일을 당했을 때 나는 다른 사람을 억 울하게 만들지 않겠다고 다짐했는데 그것을 지키지 못했네? 그것 이 나 자신한테 화나고 실망스러워. 1초만 생각하고 말했다면 너 와 내가 슬프지 않았을 텐데 그 1초를 참지 못했네? 컴퓨터를 고 쳐 달라는 것은 당연한 것이었는데 아빠가 현명하지 못했어. "아 빠, 컴퓨터 고쳐줘"라고만 해서 오락하려고 그런 줄 알고 화를 내 버렸어. 정말 미안해.

어제 아빠한테 야단맞을 일 있다며 했던 얘기와 내가 야단치지 않고 했던 얘기 기억할 거야. 네가 물건을 고장 내고, 그 잘못을 인정하고 솔직하게 말하는 용기 있는 행동이 아빠를 기분 좋게 했어. 그리고 얘기하는 너의 태도에서 이미 반성하고 있다는 것을 알았기 때문에 야단치지 않은 거야.

이렇게 착하고 반듯하게 자라 줘서 고마워.

나는 너희가 더 행복하게 살기를 바라. 왜냐하면 그래야 엄마,

아빠가 더 행복하기 때문이야. 아빠 이기적이지?

나는 너희 스스로 잘할 거라고 믿고 끝까지 지켜봐야 할지, 스스로 못하기 때문에 모두 확인하며 가르쳐야 할지 날마다 고민해. 이런 모습을 보면서 너희가 스트레스 받을 거라는 것도 알아. 너희가 생각만큼 못하기 때문에 아빠도 시간이 지날수록 걱정이 많아져. 너희가 계획한 만큼 하고 있는지 궁금해. 어떠니? 사람은 생각보다 비합리적이란 것을 너희도 잘 알 거야. 많은 사람들이 머리로는 알지만 그것을 실천하지 못해. 정말 어려운 일이지만, 다른 아이들은 그렇더라도 너희는 최소한 생각한 것의 70% 이상은 실천했으면 좋겠어.

또 하나는 아빠가 심하게 야단치는 거야.

한두 번은 봐주고 그래도 잘못하면 야단쳐도 된다고 생각할 수 있어. 나도 그러고 싶지만 그러면 '언제 적 얘길 가지고'라는 생각에 너희는 반항심이 생길 수 있고, 또 그 시기를 놓쳐 버릴 수 있기 때문에 그러는 거야.

너희는 인정 안 할지 모르지만 사실 나는 너희를 이해할 만큼 이해해 줬다고 생각해. 지금까지는 이해하고 넘어가 줘도 될 시기였으나 계속 그러면 너희가 앞으로 살아가는 데 훨씬 더 힘들지 않을까 걱정되어 하기 싫지만 화를 내는 거야.

지금은 너희 100살 인생에서 가장 중요한 기초를 다지는 시기야. 기초에는 건강과 성격, 열정, 용기, 지식, 지혜, 습관, 태도, 절제, 끈기 등 많은 것이 있지. 이 기초를 만들어 가는 것은 전부 너희 숙제야. 기초가 얼마나 튼튼하느냐에 따라 우리 가족의 행복이 결정될 거야. 서운한 일이 있을지라도 엄마, 아빠는 너희가 옳은 선택을 할 수 있도록 포기하지 않고 최선을 다해 도와줄게. 지금 우리 가족은 남부럽지 않을 만큼 행복하다고 생각해. 나만의 생각은 아니겠지?

2013년 1월 16일
너희의 든든한 지원자가

아빠가 한숨이 많아졌다

모든 문제는 답이 있다.

아빠가 부쩍 한숨을 많이 쉬고 생각이 많아진 것 같다고 했다. 나는 딸이 공무원을 했으면 하는데 하고 싶은 것이 특별히 있는 것은 아니지만 아직까지는 자기 꿈은 공무원이 아니라고 했다. 공부를 열심히 하고 성적도 올리고 싶은데 실천이 되지 않는다고 했다.

우리 딸 많이 컸네?

네가 생각하는 문제를 하나씩 생각해 볼까?

첫 번째, 아빠가 한숨이 많아졌다.

내가 한숨이 많아진 것을 네가 알 정도면 정말로 고민을 많이 했나 보네? 어떻게 그렇게 정확히 알 수 있지?

너희에게 이번 방학이 매우 중요한 시기라고 생각해. 아빠가 요즘 공부를 더 열심히 하는 것 같지 않니? 그 이유는 내가 하는 것을 보고 너희도 열심히 해 주길 바라서야. 너희를 위해 항상 고민하지만 갈수록 더 어렵구나. 다행히 우리는 대화를 많이 하니까 정답을 정해 놓지 말고 상황이 발생할 때마다 대화로 최고의 답을 만들어가자. 그러면 **'한숨이 웃음으로'** 바뀌지 않겠어?

두 번째, 우리 딸이 공무원이 되길 바란다.

꼭 공무원이 되라는 것이 아니라 자신뿐만 아니라 세상에 도움을 줄 수 있는 그런 일을 하기 바라는 거야. 대통령도 될 수 있고 판검사나 의사, 선생님, 자원봉사자 등 수많은 직업이 있을 거야.

너는 '아직까지 내 꿈이 공무원이라는 생각이 정확히 들지는 않는다. 잘하는 것이 뭔가, 정말 하고 싶은 것이 뭔가 고민한다'라고 했어. 그것만으로도 아주 훌륭해. 이미 꿈을 정한 사람도 있겠지만 16살 학생은 대부분 그런 생각도 안 하고 있을 거야. 할 필요가 없으니까.

그래도 **큰 꿈을 꾸어라.** 어렸을 때의 꿈과 지금의 **꿈이 바뀌었을 수도 있어. 꿈이 하나만 있어야 하는 것도 아니야.** 현지야! **남이 좀 비웃으면 어때? 꿈도 못 꾸는 비겁한 사람들도 많아.** 걱정하지 마.

아빠는 공무원이 무엇인지도 모르고 **생존을 위해 뭔가 해야 했기 때문에 시작했어.** 지금도 잘하는 일, 좋아하는 일이 무엇인지 잘 몰라. **'현재 하는 일을 잘하겠다'**라고 생각하고 했더니 그것이 나를 기쁘게 해 주었어. 그러면서 어느 순간 천직이 되어 버린 거야.

천직은 조건에 맞는 일을 찾는 것이 아니라, 지금 하는 일을 천직의 조건에 맞게 하면 되고 지금 하는 일을 잘하고, 좋아해서 천직이 되도록 하면 되는 것 같아.

세 번째, 아는 것이 힘이다? 실천하는 것이 힘이다.

"공부! 나도 열심히 하고 싶고, 성적도 올리고 싶어! 마음은 그런데 **실천이 되지 않아**"라고 했지?

이 말은 역사 이전부터 모든 사람들이 가장 어렵게 생각하는 문제야. 그래서 **"머리에서 발까지의 거리가 가장 멀다"**라고 하는 거지. 너는 그 진리를 아는 거네?

나도 실천 못하는 것들이 수도 없이 많아. 그래도 다른 사람들보다, 어제보다 하나 더 실천하려고 노력해. 그래야 그중 일부라도 할 수 있기 때문이야.

넷째, 아빠가 화를 많이 낸다.

부드럽게 얘기할 때 실천하면 나는 더 기분 좋게 얘기할 거야. 그런데 그렇게 하면 너희는 해야 할 일을 거의 하지 않고, 하고 싶은 대로만 하더라? **상대가 바라는 것 이상을 해야 잘했다고 할 수 있어.** 사람은 한 번 잘해 주면 계속 잘해 주길 바라는 경향이 있지. 반복된 배려를 당연한 거라고 생각하고 그 기대만큼 안 해 주면 불만을 갖는 것이 사람이야.

"아빠 마음 알면서도 아빠가 화내는 것이 도움 되지 않고 화 날 때도 있다"고 하니까 앞으로는 신중하게 생각하고 말할게. 아빠가 너에게는 거의 화를 내지 않는다는 거 알지? 물론 네가 잘하기 때문이지만.

네가 이렇게 아빠의 문제점을 편지로 지적해 주니까 정말 좋구나. 서로의 잘못을 객관적으로 보면서 반성하고 개선할 수 있으니 얼마나 좋니? 이렇게 멋진 네가 내 딸이어서 너무 좋아. 사랑해.

2013년 1월 28일
사랑하는 우리 딸의 진정한 친구가

딸이 중3이다

내용보다 시점이다.

중3이 되는 딸이 공부에 지쳐서 힘들어한다. 공부도 포기하지 않고 예상치 못한 문제에 미리 대비하면서 모든 일을 즐길 줄 아는 사람이 되기를 바라며….

현지야, 공부 못 한다고 성공 못 하는 것은 아니지만, 노력하지 않고 성공한 사람은 한 명도 없어. 위대한 사람들은 보통 사람들보다 수백 배 노력한 사람들이야. 네가 지금까지 힘든 생활만 했다면 심신이 많이 지쳤을 거야. 계속해서 최선을 다한다는 것은 정말 어려운 일이지. 꾸준히 계속하기 위해서는 큰 목표나 사명감이 필요하다고 생각해. 아빠는 **"모든 사람을 행복하게 해주겠다"라는 사명감**으로 일했기 때문에 포기하지 않고 모든 일을 즐겁게 할 수 있었어.

불평하면 불행해지는 거야.

네 친구들 중 요즘은 개성시대라고 공부할 필요 없다며 자신을 방치하는 어리석은 친구들이 있을 수 있어. 네가 그 기류에 편승하지 않았으면 좋겠어. 세상을 바꾸기 위해서는 굳은 결의와 사명감, 큰 목표를 가지고 끝없이 노력해야 해. 세상은 너무나 넓고 복잡하더라. 우리가 안다고 생각하는 것은 고작 1%도 안 돼. 그런데 대부분의 사람들은 자기 눈에 보이는 것만 보고 속단하지. 좀 안다고 하는 사람일수록 실수를 더 많이 하더라. 배우려는 자세를 가지고 있지 않으면 항상 실수를 반복하고 세상을 불평하며 불행하게 살아가지.

두뇌를 지나치게 쉬게 하면 하루 서너 시간 공부할 수 있는 상태로 돌아가기가 얼마나 어려운지 알지? 스스로도 자신을 어쩌지 못하게 돼. 인생이란 노를 저어 강을 거슬러 올라가는 것과 같대. 노 젓기를 멈추면 순식간에 하류로 떠내려가서 제자리까지 돌아오는 데 엄청난 대가를 치러야 해. 어떤 사람들은 큰 대가를 치르고도 때를 놓쳐 영원히 못 오는 경우가 많아. 어제 아무리 열심히 했어도 오늘 꾸준히 하지 않으면 게으름이 너를 끌어당길 거야. 기세가 꺾이면 과거의 모든 노력은 허사가 돼. 편안함을 역전시킬 힘이 이미 없어진 후라는 거야. 그래서 **문제는 내용보다 시점이 중요하다**고 했어. 힘들 때는 쉬어야겠지? 그럴 때는 반드시 안전한 곳에서 쉬어야 해. 아무 때나, 아무 곳에서나 쉬게 되면 머지않아 영원히 쉬어야 할지도 몰라. 쉽게 말해 백수가 되기 쉽다는 얘기야. 1,000m 달리기에서 이기기 위해서는 10,000m를 달릴 능력이 있어야 한다고 했어. 인생이라는 마라톤을 하면서 자신만 본다거나 자신과 비슷한 사람만 보게 되면 중요한 것을 못 볼 수 있어. 다른 사람들을 객관적으로 평가할 수 있는 안목을 길러야 할 거야.

지혜를 얻는 데 경험만큼 좋은 것이 없다고 했어. 안타깝게도 이 세상은 스스로 여러 가지를 경험할 시간이 너무 부족해. 그렇기 때문에 다른 사람의 경험을 통해 배우는 거야. 그것은 독서라는 거 알지?

어렵겠지만 지금 너는 네 인생과 가정, 이 세상의 구성원으로서 어떤 위치에 있는지를 객관적으로 내려다볼 필요가 있다고 생각해. 50년 후에 네가 돌아봤을 때도 후회하지 않도록 지금 어떤 선택을 하는 것이 좋겠는가를 깊이 고민해 보길 바라.

아빠가 너의 목을 조르는 것 같아 미안하구나.
네가 모든 것을 즐기는 사람이 되었으면 좋겠어.

2013년 2월 2일
모든 것을 즐길 줄 아는 딸의 아버지가

복잡한 마음

사소한 것은 사소한 것이 아니다.

덜렁대기만 하는 줄 알았던 딸이 많은 생각을 하고 있다.

자신의 꿈이 무엇인지 확신하지 못하는 딸이 이루지 못하더라도 많은 꿈을 꾸었으면 한다. 사촌오빠가 "별로 효과가 없어"라고 건성으로 한 말에 공부 의욕이 떨어진 딸이 안타까워 자신의 심리 상태를 정확히 들여다보라고 했다.

네 모습이 아름답구나.

겉보기에는 덜렁대는 것 같은데 많은 생각을 하네?

아빠는 겉으로는 항상 재미를 추구하지만 내적으로는 완벽하고 충만한 삶을 원해. 너의 편지를 보니까 우리 딸도 역시 아빠를 많이 닮았구나. 아빠 기분이 좋은데?

꿈에 대해서 항상 생각하는 게 좋아.

그리고 꿈은 꼭 한 가지만 있는 것이 아니라는 것은 아빠가 말했지? 꿈을 마음속으로만 생각하지 말고 너의 **'비밀 노트'**에 **'꿈의 목록'**을 적고 왜 그것을 하고 싶은지 그 이유를 기록해 봐. **이유는 많을수록 좋아.**

꿈도 그렇지만 하고 싶은 이유도 언제 생각날지 모르니까 한 페이지에 한 가지 꿈을 기록하는 게 좋을 거야.

네 꿈이 뭔지 정확하게 모르겠다는 것은 스스로를 아주 잘 알고 있다는 얘기니까 걱정할 것 없어.

많은 사람들이 자신의 꿈이 뭔지도 모른다는 것을 창피해하면서 그 사실을 인정하지 못하고 숨기는 경우가 많아. 너는 네 이름처럼 그것을 **'인정할 줄 아는 대단히 용기 있고 지혜로운 사람'**이야.

사소한 것은 사소한 것이 아니다.

네가 사촌 오빠에게 공부 배울 때, 영어 학습기에 대해서 오빠가 "별로 효과가 없어"라고 한 것은 아주 잘못 말한 것 같구나. 비록 그럴지라도 열심히 하고 있는 너의 의욕뿐만 아니라, 그것이 도움이 될 거라고 본 아빠의 판단을 완전히 부정하는 말이야.

　그 얘기를 들었을 때 아빠는 기분 나빴어. 너도 기분이 안 좋았을 거야. 그 말은 어떤 것을 좋아하는 사람들에게 절대로 해서는 안 될 말이지.

　"별로 효과가 없어"라고 말할 것이 아니라, "그것 참 좋구나. 도움이 많이 되겠는데? 철자를 외우는 것은 좀 어려울 수 있는데, 그것은 한두 번 써보면 금방 외워질 거야"라고 했으면 얼마나 좋았을까? 사람들은 자신이 하는 것을 인정받으면 자기가 똑똑하다고 생각하며 사기가 커지지만, 부정하면 자신이 뭔가 잘못한 것처럼 느껴져서 싫어하게 되고 의욕도 현저히 떨어지게 돼. 오빠가 효과가 없다고 말함과 동시에 너의 뇌와 마음은 하기 싫어지고, 안 해도 되는 핑곗거리가 생겨 버리기 때문에 하면서도 건성으로 했을 거야. 인간은 사소한 말에 쉽게 세뇌당하는 존재야. 특히 자기보다 똑똑하다고 생각하는 사람들의 말에는.

　인생은 자기 계획대로 되는 경우가 많지 않지?

　우리가 예상하지 못한 장애물과 함정이 곳곳에 숨어 있기 때문이야. 영어 학습기로 공부하기로 한 것이 오빠의 말 한마디로 효과가 엄청나게 떨어진 것도 그래.

　오빠의 말은 너의 마음이나 공부의 효율성으로 봤을 때 아주 나쁜 장애물이야. 처음 마음먹은 대로 계속하겠다는 강한 의지와 끈기가 필요하다는 것을 너도 알았지?

앞으로 계획을 세울 때는 **"어떤 일이 있어도 핑계대지 않고 해
내겠다"**라는 각오로 계획을 세워야 장애물이 나타나면 오기로라
도 더 열심히 할 수가 있어.

잠자기 전에 공부할 때가 집중이 잘된다고 했지?

아빠가 옆에 있기 때문에 핸드폰도 안 만지게 되고 아빠는 아빠
공부하니까 부담도 안 된다고 했어. 너는 공부의 집중력과 효과를
높이기 위해서 어떻게 해야 하는지 이미 다 알고 있다는 거야. 핸
드폰이 가장 큰 장애요인이고, 두 번째가 너의 마음이라는 것.

문제를 알았으니까 어떻게 해야 하는지도 알겠지?

혼자 하기 어려우면 아빠에게 도움을 요청해라.

2013년 2월 5일

보고 있어도 보고 싶은 아빠가

아들의 인생을 건 모험을 했다

사람은 자기가 원하는 만큼 된다.

중학생인 아들이 울면서 "아빠는 항상 시키기만 해요"라고 했다. "네 맘대로 해라"라고 하면 반항심에 공부를 더 열심히 할 거라고 했다. 불안하지만 아들의 마음에 공감해 주면서 지금의 선택이 얼마나 중요한지를 생각하라고 했다.

며칠 전에 우리는 많은 대화를 했지?

네 입장에서는 '아빠는 항상 시키기만 한다'라는 생각이 들지? 그래서 이번에는 네가 원하는 것이 무엇인지 알아보고 아빠로서 어떻게 해야 할지 같이 고민해 보기 위해 대화를 했어. 그 과정에서 네가 눈물을 흘려서 아빠 마음이 정말 아프더구나.

너는 아빠한테 "네 맘대로 해라"라고 하면 네가 반항심에 공부를 더 열심히 할 것이라고 했지?

그것도 방법 중 하나라고 생각해서 며칠 동안 그렇게 했고 앞으로도 그래 볼 생각이야.

그런데…

이것은 너의 인생 전체를 건 엄청난 모험이라는 거 알지? 요즘 부모들은 자식들을 과잉보호하는 경우가 많아. 우리는 안 그런다고 생각하지만 너의 입장에서는 우리도 그랬는지 모르겠구나. 네 맘대로 하도록 놔두면 다른 사람들은 너를 방치한다고 할 수도 있어. 이번 우리의 모험이 너의 인생 전체를 건 큰 위험이 있으나 이미 약속했으니까 그 위험과 주변 사람들의 비난은 감수해야 해. 성공하면 우리 가정은 물론 너의 인생에 큰 도움이 될 거야. 그런데 실패했을 때 잃게 되는 것이 얼마나 클지 생각해 봤니? 안 해 봤으면 생각해 봐.

자기 자신도 자기 마음대로 하지 못하는 게 사람이야.

그동안 아빠가 시키고 명령한 것처럼 보였던 것들은 네가 귀찮음과 게으름으로 스스로 하지 못한 것들을 도와주는 거였어. 새로운 생활로 혼란스러울 수 있으나 그것은 살아가면서 항상 있는 일이니까 걱정 안 해도 돼. 아빠가 하라는 것보다도 스스로 더 잘할 것이라고 믿어. 우리가 얼마나 인내심이 있을지 모르지만 최선을 다해 보자.

우리 아들이 원하는 것은 무엇일까? 한번 적어 보았어.

맛있는 것 먹는 것.
오락 맘대로 하고 TV 맘대로 보는 것.
만들고 싶은 것, 그리고 싶은 것 맘대로 하는 것.
씻지 않는 것.
공부하지 않는 것.
정리하지 않는 것.
아침에 운동 안 하는 것.
늦잠 자는 것.
밥 먹으라는 소리 듣지 않는 것.
빨래 널지 않고 정리하지 않는 것.
쓰레기 비우는 일 하지 않는 것.
…

실상 이렇게 써 보니까 그렇게 많은 것이 아니구나.

네 맘대로 한번 해 봐.

너는 죽은 뒤에 어떤 사람으로 기억되길 바라니?
스스로에게 질문해 보거라.
너는 네가 원하는 대로 될 거야.

2013년 4월 30일
항상 네 편인 아버지가

엄마와 절대로 싸우지 마라

풍부한 세상이 젊은이들에게 거지 근성만 키워 준다.

딸이 제사 모시러 가기 싫다고 했다. 친구들과 놀러갔다 와서 엄마가 야단치니까 대들었다고 했다. 엄마도 화나서 딸에게 욕을 했다면서 몹시 기분이 안 좋았다고 했다. 옳고 그름, 누구의 편을 떠나서 어떻게 하면 모두에게 좋은 일일까를 얘기해 주었다.

딸은 엄마가 화내니까 자기는 이유를 물어본다는 것이었는데 그게 엄마를 더 화나게 했다는 것을 깨달았다고 하면서 다음에는 절대로 대들지 않겠다고 했다. 딸은 제사 지내고 와서 마음이 편했고 엄마와 관계도 더 좋아졌다고 했다.

현지야, 너무나 착하게 자라줘서 고맙구나.

목요일에 집에 들어갔는데 엄마 기분이 안 좋더라? 너는 나와 보지도 않고 석현이도 벌써 자는 것 같았어. 엄마에게 물었더니 퉁명스럽게, "말하기 싫어!"라고 하더라. 무슨 뜻인지 알지? 그래서 더 이상 묻지 않았어.

제사 모시러 가는 날 아침에 네 방에 들어가서 씻으라고 했는데, "아빠, 나 안 가면 안 돼?"라고 너는 조심스럽게 말했었지? 그전에 엄마도 너희 안 데려가면 안 되느냐고 했어. 물론 아빠는 엄마와 너희에게 아무 말 안 했고. 무슨 뜻인지 알지? 다행히 너와 석현이가 가겠다고 해서 기분 좋았어.

"하고 싶은 것을 하지 않으면 아쉬울 것이다. 그러나 해야 할 것을 하지 않으면 후회할 것이다"라는 말 아니? 모두 맞는 말이더라. 둘 다 해야 하는데, 우선순위를 어떻게 정해야 할지 잘 모를 거야.

현지 너 고승덕 변호사 아니? 그분이 『포기하지 않으면 불가능은 없다』라는 책에 우선순위를 결정하는 **'t1t2 판단법'**에 대해 설명했는데 참 좋더라. 아빠도 어떤 일을 결정할 때 많은 도움이 되었어. 너도 한번 생각해 봐.

t1t2 판단법이란?

A가 B보다 절대적으로 중요한 일이라고 하자. 그러나 A를 먼저 하면 나중에 **B를 할 수 없고**, B를 먼저 하면 **나중에 A도 할 수 있다**고 할 때 어느 것을 먼저 선택해야 하는가? 이럴 때는 **B를 먼저 하고 나중에 A를 하는 것이 낫다**는 사고 방법이다.

어느 시점에서는 A가 더 중요하게 보이지만 시간이 흐른 뒤에는 B가 더 중요한 것이었다고 느낄 수도 있다. 만약 처음에 A가 더 중요하다고 판단해 B를 희생했다면 나중에 B를 하고 싶어도 할 수 없게 되어 치명적인 후회를 할 수 있다. 그러나 처음에 B를 선택했다면 나중에 A를 할 수 있기 때문에 가치 판단이 잘못되더라도 크게 후회할 일이 없다. 그만큼 위험이 감소하는 셈이다.

우선은 **하기 싫거나 덜 중요한 것처럼 보이더라도 미룰 수 없는 일을 먼저 한 다음에 하고 싶은 일을 해야 한다는 이론이야. 좀 이해가 되니?**

개성시대라고 많은 젊은이들이 현재를 즐겨야 한다며 해야 할 일보다는 하고 싶은 일을 먼저 하는 경우가 있어. 그런데 이것은 요즘만 그런 것이 아니야. 오래전부터 젊은이들이 해야 할 일을 게을리하면서, 아니 아예 하지 않으면서 만들어 낸 핑계래. 자신의 선택이 잘못됐다는 것을 인정할 용기도 없어서 개성이라는 말로 스스로를 위로하고 불안하지 않은 척 하지만 해야 할 일을 하지 않은 사람들은 항상 허탈감을 느끼고 시간이 지날수록 포기하는 경우가 많아.

해야 할 일을 하지 않고 큰일을 해낸 사람은 아무도 없어. 하고 싶은 일을 하기 위해서는 반드시 해야 할 일을 해야 해. 나는 해야 할 일을 하지 않고 하고 싶은 일을 하면 불안하더라. 해야 할 일을 즐기겠다고 생각하고 하다 보면 나중에는 진짜로 즐거워졌어. 해야 할 일을 먼저 한다고 해서 하고 싶은 일을 못하는 것이 아니고, 오히려 마음이 편하기 때문에 하고 싶은 일을 할 때 훨씬 더 즐거웠어. 물론 시간이란 한 번 놓치면 영원히 돌아오지 않기 때문에 그 순간이 훨씬 중요할 수 있지. 많은 사람들이 그 선택의 순간에 갈등한대.

'**명확하지 않은 미래의 행복을 위해 당장의 행복을 미뤄야 하는 고통, 그 행복과 고통 둘 중 어떤 것을 선택해야 하는가?**' 이것은 우리 인류의 영원한 고민일 거야.

"**하고 싶지만 하지 말아야 할 일과 하고 싶지 않지만 꼭 해야 할 일이 있다**"라고 했어. 공부를 해야 하고, 부모에 효도하고, 형제간에 우애하고, 어른을 공경하고, 조상들에 대한 예의를 지키는 것 등은 하고 싶지 않지만 꼭 해야 할 일이야. 어른들은 하기 싫어도 반드시 가르쳐야 하는 것들이지. 아빠도 솔직히 제사 모시러 가기 싫었어. 그렇지만 해야 할 일이기 때문에 하는 거야. 네 편이 돼 줘야 하는데 미안해.

네가 놀러갔다 와서 엄마가 야단치니까 대들었다고 하더라. 엄마도 화나서 야단쳤다면서 몹시 기분이 안 좋았다고 했어. 그 얘기하면서 엄마가 "**내가 잘못했는가?**"라고 묻더라? "**아니? 당신 말이 맞아. 잘했어**"라고 했어. 왜 그랬는지 너도 잘 알지? 누가 옳고 그른지는 중요치 않아. 자기 편이 돼 주기를 바라는 마음에서 얘기했기 때문에 엄마 편에서 대답해 준 거야. 앞으로도 그럴 거고. 앞으로도 이런 일이 있을 수 있어. 그럴 거라면 절대로 놀러 가면 안 된다고 말하고 싶어. 혼자 기분 좋기 위해 한 행동으로 가족 전체가 기분이 나빠지고 신뢰가 깨지는 일은 가족으로서 절대로 해서는 안 될 일이야. 가족이란 누군가가 힘들 때 옆에서 도와주는 것이잖아?

네가 즐겁기 위해 친구들과 놀러 갔다 온 것보다 더 결정적인 문제는 엄마가 야단칠 때 한 **너의 반응이야.** 이유 없이 "아무튼 가지 마"라고 했다면 누구나 화가 날 거야. 그런데 네가 "왜 가면 안 돼?"라고 물은 것이 이유를 몰라서였을까, 엄마의 말투가 기분 나빠서였을까, 엄마 말을 거부하기 위해서였을까? 너는 이성적으로는 '모르는 것을 묻는 것'이었겠지만, 감정은 이미 '기분 나쁘다'라는 표현이었을 수 있어. 너는 놀러 간 것이 문제가 없다고 생각고 엄마한테 할 말을 했다고 생각할 수 있지만 그래도 더 현명하게 대화했어야 했어. 사람들은 기분 안 좋은 상황에서 기분 나빠하는 표정을 보며 대화하면 이성을 잃게 되고 문제 해결을 위한 대화가 아니라 감정싸움이 되어 기분 나쁜 표정과 목소리가 튀어나와서 관계만 더 악화되지. **의사 전달은 말의 내용보다도 목소리나 표정 등 태도가 더 중요**하다고 했어. 이번에 엄마가 특히 화난 이유가 그거야. 항상 얘기했지만 야단칠 때는 잘못했다고 사과하고 애교로 웃는 분위기를 만들어서 상황이 좋아졌을 때 네 의견을 얘기해 봐. 그러면 네가 원하는 것을 거의 모두 얻을 수 있을 거야. '감정을 앞세우지 않으면서 감정을 온전히 전달하는 대화의 기술.' 약간만 기다리면 될 거야. 숙성의 시간이지. 이 말 명심해 줘. 어느 누구와 대화할 때도 이것은 진리야. 어렵지?

엄마는 아빠와 좀 달라. 아빠는 왜 가면 안 되는지 논리적으로 말했을 거야. 그러나 엄마는 그런 게 좀 약하잖아? 다시 말하는데 엄마 말이 부당한 것 같더라도 그 자리에서 말하지 말고 그때 상황을 아빠한테 말해 줘. 그러면 왜 그러는지 설명해 주고 네가 타당하면 너의 생각을 존중해 줄게.

그래도 말대꾸하지 않는 것이 더 좋았을 것이라는 것을 깨달은 것만으로도 훌륭해. 너는 지금도 잘하고 있지만 다시 한 번 부탁할게. 엄마, 아빠가 너희를 야단칠 때는 **절대로, 절대로 바로 반대 의견을 말하지 말아 줘.**

어느 사회학자는 **"풍부한 세상이 젊은이들에게 거지근성만 키워준다"**라고 했어. 부모가 아이들을 거지로 만든다는 거야. 스스로의 노력이 아니라 부모 도움으로 원하는 것을 대부분 얻을 수 있기 때문에 살아가는 데 가장 중요한 자립심과 고통을 이겨내는 끈기를 키울 필요가 없지. 가진 것이 없어서 거지가 된 사람들은 자립심이나 끈기를 키워서 생존 본능이 오히려 더 강해져. 부족한 것이 없는 요즘 젊은이들이 자립심을 키울 필요성을 못 느끼기 때문에 훨씬 더 큰 문제지.

현지야! 힘들지?

그러나 힘들다고 생각하지 말고 누구나 그런다고 생각했으면 좋겠어. 힘들다고 생각하는 순간 네 영혼은 힘든 쪽으로 너를 유도할 거야. 힘든 일 있으면 아빠에게 말해주면 안 되겠니? 나는 네가 어떤 말이건 해 주면 기분 좋아. 그것이 네가 아빠와 놀아 주는 것이고 돈 안 드는 아주 훌륭한 효도야.

아빠 고민은 '너희를 어떻게 하면 훌륭한 사람으로 키울 것인가?'야. 친구처럼 너희가 원하는 모든 것을 해 주고 싶은 것이 솔직한 심정이야. 그러면 너희가 어렸을 때는 아빠를 좋아하겠지만 어른이 돼서는 아빠를 원망할 수도 있어. 한때 좋은 아빠는 가능해도 영원히 좋은 아빠는 못 되고, 해야 할 시기를 놓치면 절대로 훌륭한 아빠는 못 될 거라 생각해.

아주 작은 것이 우리 가정을 불행하게 할 수 있다는 거 알았지? 그것을 안 것만으로 만족하자.

앞으로도 건강 관리, 시간 관리, 특히 **'생각 관리'** 잘해서 네가 행복하길 바라.

오늘 저녁에 애교 부리면서 엄마 화 풀어드리고 전처럼 화목한 집안 분위기 만들어 줬으면 좋겠어.

한 가지 더, 다음부터는 더 현명하게 말하고 행동해서 나약한 우리 각시, 엄마 마음 아프지 않게 해 주라.

2013년 6월 10일
예쁜 딸이 있어서 행복한 아빠가

나는 울었다

아이들이 태어나 준 것만으로도 보물이다.

아들이 부자캠프를 같이 간 후 감동적인 편지를 써 보내서 울었다. 아들에게 칭찬받는 것은 세상 그 누구에게 칭찬받는 것보다도 행복하다. **억지로 썼을지라도 아들이 한 행동의 가치를 칭찬해 주고 자기가 말한 대로 꾸준히 노력하기를 바라는 마음에서** 편지를 썼다.

오늘 너의 편지를 읽고 너무나 기뻐서 울었어.

아빠가 살아온 47년을 돌아보면 최근 몇 년이 제일 행복해. 그런데 지난해부터는 너희의 미래가 슬슬 걱정이 되더구나.

'공부가 진부는 아니지만, 공부마저도 하지 못하는 아이가 커서 행복할 수 있을까?' 하는 걱정.

아빠가 작년부터 공부도 더 열심히 하고, 너희와 대화도 많이 하고 편지도 자주 썼던 거 기억하지?

너의 편지에 **"저를 이렇게 멋지게 키워 줘서 정말 감사해요. 아빠 정말 슬펐죠?"**라는 말. 네가 내 마음을 아는 것 같아서 가슴 뭉클했어. 내가 혼내지 않고 좋게 말한 것에 대해 고민할 줄 안다는 것은 네가 무한한 발전 가능성이 있다는 거야.

"그래도 아들이니까 믿어 주세요"라고 했지?

아빠는 앞으로는 완전히 너를 믿을게. 이번에 너에게서 희망을 봤어. 태산은 아무리 높다고 해도 성장하지 못하고 그대로 있어. 그러나 너는 지금 비록 작지만 영원히 성장하여 누구도 상상하지 못할 만큼 커질 거야.

"아빠는 제 인생에 가장 소중하고 훌륭한 사람이에요. 아빠, 사랑하고 저를 이렇게 멋진 아빠의 아들로 태어나게 해 줘서 정말 감사합니다"라는 말이 너무 감동적이어서 눈물이 나더라.

너무나 멋진 우리 아들. 전에도 말했지만 너는 태어나 준 것만으로도 엄마, 아빠의 보물이야. 그러니 항상 자신감을 갖고 당당하게 말하고 행동해라. 그래야 그 보물이 더 멋지고, 더 가치 있지 않겠니?

네가 **"부자 캠프 같이 가자고 해 준 것, 함께하면서 아빠를 존경한다고 해 준 것, 아빠에게 100점 만점이라고 해 준 것, 네 인생에 가장 소중하고 훌륭한 사람이라고 해 준 것, 나를 사랑하고 멋진 아빠의 아들로 태어나게 해 줘서 정말 감사한다고 해준 것"**에 대해 다시 한 번 진심으로 고마워.

네가 칭찬해 주니까 아빠는 정말 기분 좋았어. 너도 아빠에게 칭찬 받으면 기분 좋지? 앞으로는 집에서 엄마, 아빠, 누나에게 하루에 한 번씩 칭찬이나 장점을 말해 주면 좋겠어. 해 줄 수 있지? 사랑해.

2013년 7월 18일
너의 가장 소중한 아빠가

아빠 말투가 너무 강압적이야!

"모든 생명체는 무섭지 않으면 변화를 거부한다."

중3인 딸이 여름방학 때 열심히 공부하겠다고 했다. 그러면서
요즘 나의 말투가 너무 강압적이어서 말을 할 때마다 기분이 안
좋아진다고 했다. 나도 반성하고 딸도 변하기를 바라며 썼다.

'아빠가 슬프다.'

네 편지를 보고 제일 먼저 느낀 기분이야.

완벽하지 못한 것이 당연하겠지만 너의 잘못을 말하려고 할 때 나쁜 감정이 먼저 작용하기 때문에 그것을 정화하기 위해 가능하면 말보다 편지를 쓴다는 거 알지?

잘못된 것을 그때그때 지적하지 않으면 말할 기회를 놓친다거나 잊어버리기 때문에 가끔 그 자리에서 바로 얘기를 했어. 매번 고쳐지지 않는 행동을 보면서 친구처럼 말하기란 정말 어렵더라. 듣기 좋은 말로 가르치지 못하는 것은 아빠 능력이 부족해서 그래. 미안해.

너는 자신에게 얼마나 점수를 줄지 모르겠지만 안타깝게도 너희는 아직까지 엄마, 아빠의 기대에 못 미쳐.

예쁘고 착한 딸에게 왜 강압적으로 말하고 싶겠니?

네가 우리 딸이 아니라, 친구들끼리 공동 생활하는 사람이라고 치고 냉정히 생각해 봐.

매번 말하지만 '매의 힘'을 너도 잘 알고 있지?

말로 해서는 열 번 해도 안 되는 일이 매를 맞으면 한 번에 가능하잖아? 그래서 우리 속담에 '매를 아끼면 자식을 버린다'라는 속담이 있는 거야.

이러지도 저러지도 못하는 내 가슴이 쓰리구나.

듣기 좋은 말만 한다면 너의 미래가 어떻게 될지 너무나 걱정

돼. 물론 그렇지 않을 수도 있고. 아빠도 친구처럼 네가 좋아하는 말만 하고 기분 좋게 장난치고 같이 놀고 싶어. 가르침을 당하는 것을 좋아할 사람은 없지.

이번에는 네가 아빠에게 가르쳐 줬으면 좋겠어.

너의 안 좋은 행동이나 습관을 바꾸기 위해 아빠가 어떻게 하면 기분 좋게 고칠 수 있는지를….

너는 갈수록 엄마, 아빠와 함께하기보다는 친구들과 노는 시간이 많아질 거야. 야단치면 멀어질 줄 알면서도 해야만 하는 부모라는 역할이 참 슬프구나. 불가능할지도 모르지만 아빠는 **'좋은 아빠와 훌륭한 아빠' 둘 다** 되고 싶어. 그것은 나 혼자만의 노력으로는 절대 안 된다는 거 알지? 너와 석현이, 엄마, 아빠가 양보하고 절제하며 노력해야 가능한 거야.

반대로 **'좋은 자녀와 훌륭한 자녀'**가 되는 것도 그래.

너희들이 엄마, 아빠와 친구처럼 잘 놀아 주는 것이 가장 좋은 자녀가 되는 방법이고, 학생으로서 해야 할 역할을 스스로 해 주는 것이 훌륭한 자녀가 되는 거야.

이것도 너희만 노력해서는 절대로 안 돼. 강요할 때마다 네 기분이 안 좋아지는 것을 내가 모를 거라고 생각하지 않겠지? **'모든 생명체는 무섭지 않으면 변하지 않는다'라고 했어.** 당연히 기분 나쁠 줄 알지만 무서워하면서 빨리 바꾸라고 강하게 말하는 거야. 물론 스스로 바꾸기를 아빠는 더 바라.

그렇다면 '**아빠의 기분**'은 어떨까?

사랑하는 딸 얼굴에서 어떤 표정을 보고 싶을까? 당연히 '웃는 얼굴'을 보고 싶겠지? 너도 아빠의 얼굴에서 무섭고, 강압적인 모습보다는 '편하고 웃는 얼굴'을 보고 싶을 거야. 야단치는 것은 내가 하고 싶은 것이 절대로 아니야. 아빠가 그러지 않도록 너희가 노와줘. 그렇시 않으면 부모라는 죄로 앞으로도 하기 싫지만 어쩔 수 없이 야단치고 강압적으로 할 수밖에 없을 거야.

기회는 놓치면 다시는 오지 않는다는 말을 많이 들었을 거야. 친구를 사귀고 새로운 경험을 하고, 공부하는 것 모두가 기회라고 할 수 있지. 공부를 기회라고 생각하지 않으면 머지않아 후회하게 될 거야. 친구를 사귀고 새로운 경험을 하는 것은 학창 시절뿐만 아니라 살아 있는 동안 평생 할 수 있어. 공부도 물론 그렇고. 전에도 말했지만 공부는 학창 시절에만 하는 것이 아니라 평생 해야 하는 것, 힘든 것이 아니라 즐기는 거야.

공부는 모든 것의 기본이야. 기본이라는 것은 '하지 않아도 되는 것이 아니라, 가장 중요하기 때문에 가장 열심히 해야 하는 것'이라는 것을 잘 알지?

건강과 공부라는 기본이 튼튼해야 어떠한 역경도 이겨낼 수 있고 더 큰 성취와 행복을 누릴 수 있어. 공부는 행운과 기적을 만들어 주고, 새 세상을 창조하고 인간에게 부여된 삶의 특권과 기쁨을 마음껏 누리도록 해 주는 것이라고 했어.

지금 네가 고민하고 불편해하는 이 시간을 너를 발전시키는 소

중한 기회로 만들고 성취감을 느낄 수 있는 최고의 시간이라고
생각했으면 좋겠어.

현지야, 앞으로는 너에게 강압적인 말을 안 하도록 노력할게.
아빠가 이렇게 너희에 대해 고민하고 노력할 수 있는 기회는 내
평생에 이 시기밖에 없다고 생각해. 우리 가족이 행복할 수 있는
최선의 방법을 찾기 위해 아빠는 포기하지 않고 항상 공부하고
노력할게.

현지야, 아빠 한 번만 용서해 줘. 행동으로 표현해 주면 아빠가
훨씬 좋아한다는 것 알지?

2013년 7월 25일

가족을 사랑하는 아빠가

공무원은 부자다
부자여야 한다
– 마음이

사명이 있는 사람은 이 세상이 천국이다.

나의 사명을 정한 후부터 이 세상이 천국이 되었다. 딸이 사명을 정하고 세상을 천국으로 생각할 수 있도록 하는 마음에서 나의 사명과 목표, 공무원이 되면 좋은 점에 대해 얘기해 주었다.

사랑하는 현지야!

아직까지도 네가 하고 싶은 것이 무엇인지, 잘하는 것이 무엇인지 못 찾은 것 같구나. 해 보지 않고 그것을 찾는다는 것은 정말 어려운 일이지. 어려운 걸 알면서도 계속 생각해 보라고 한 것은, 그것을 알고 하는 사람과 모르는 사람은 보는 것, 듣는 것, 행동하는 것이 완전히 다르고 성과도 큰 차이가 나기 때문이야. 너는 나름대로 열심히 한다고 생각하겠지만 목표가 없기 때문에 열정이 생기지 않을 거야.

혹시 현지 너는 사명이 있니?

나의 사명은 **'모든 사람을 행복하게 해 주겠다'**야. 사명을 정한 후부터 일을 할 때 몰입도가 100배 더 높아지더라. '나에게 이런 능력이 있었나?' 하고 놀랐어. 그러면서 '왜 좀 더 일찍 사명을 정하지 않았을까?' 하고 안타까웠어. 전에는 천국에 가기 위해 좋은 일을 했는데, **사명을 정하고 실천하니까 이 세상이 천국이더라. 좋아하는 것, 잘하는 것보다 사명감을 가지고 하는 것이 훨씬 더 행복하다는 것을 깨달았어.**

좋아하는 것과 잘하는 것은 나를 위한 것이고, 사명감으로 하는 것은 다른 사람을 위해 하기 때문이 아닐까 생각해.

네가 잘하는 것, 하고 싶은 것이 없다면 **공무원 시험을 한 번 보는 것도 좋은 경험**이 될 거야. 꼭 공무원을 직업으로 가지라는 말이 아냐. 해도 좋고 안 해도 돼. 합격하면 스스로 자부심을 느낄 수 있고 대학을 가더라도 훨씬 더 행복하게 생활할 수 있을 거야. 그 어떤 자격증보다도 더 가치 있고 어떤 보험보다도 더 좋지.

그때 썼던 글이야. 부끄럽지만 한 번 읽어 봐. 아빠가 잘 쓰지도 못한 글을 너에게 보여 주고 서론을 이렇게 길게 말하는 이유를 너도 느꼈을 거야.

나의 사명과 내가 생각한 공무원이 되면 좋은 점을 같이 보낼게. 한 번 생각해 봐. 보면 알겠지만 이것은 하루아침에 쓴 게 아냐. 10년 넘게 하나하나 기록한 거야.

2014년 1월 22일
천사의 아빠가

나에게는 '꿈'이 있습니다

나에게는 '꿈'이 있습니다.
'모든 사람이 행복하게 살 수 있는 세상을 만들겠다'라는 꿈이 있습니다.
나에게는 '사명'이 있습니다.
'모든 사람을 행복하게 해 주겠다'라는 사명이 있습니다.
나는 '묘비명'을 지었습니다.
"'모든 사람이 행복하게 살 수 있는 세상을 만들겠다'는 꿈과 '모든 사람을 행복하게 해 주겠다'라는 사명을 가지고 최선을 다하면서 인생을 멋지게 살다 갔다"라고 이미 나의 묘비명을 지었습니다.

꾸지 않는 꿈은 절대로 이루어지지 않습니다.
사명은 무엇이든 해낼 수 있는 '열정'을 만들어 줍니다.
묘비명을 생각할 때마다 '해야 한다'라는 강한 책임감을 느낍니다.
꿈을 실현하고, 사명을 실천하고, 거짓이 아닌 묘비명을 만들기 위해 최선을 다하고 있습니다.
사람을 행복하게 해 주는 일이 이렇게 행복한 일인 줄 나는 몰랐습니다.
최선을 다한다는 것이 이렇게 행복한 일인 줄 나는 몰랐습니다.
천국은 착한 사람이 죽어서 가는 곳이 아니라 내가 살고 있는 이곳이 천국이라는 것을 나는 몰랐습니다.
나는 이미 말할 수 없이 행복하고, 나는 이미 천국에서 살고 있습니다.
나에게 '행복이 가득한 천국을 만들겠다'라는 꿈이 있습니다.

나의 사명과 목표, 꿈과 비전, 사는 이유

1. 모든 사람을 행복하게 해 주겠다.

2. 모든 사람이 행복한 세상을 만들겠다.

3. 좋아하는 운동과 일을 하기 위해 매일 2시간 이상 운동을 하고 치료를 위해 쓸 돈을 미리 예방을 위해 즐겁게 지불하여 병에 걸리기 전에 건강을 지키겠다.

4. 결점이 많아 마음에 안 드는 내 자신을 사랑하겠다.

5. 꿈과 희망을 갖고 도전을 두려워하지 않고 즐기는 사람이 되겠다.

6. 당당하되 교만하지 않고, 겸손하되 비굴하지 않은 나 이영주가 되겠다.

7. 존재감을 느끼지 못하면 우울증이 온다. 스스로 존재감을 만들겠다.

8. 균형과 조화를 잘 이루는 사람이 되겠다.

9. 항상 긍정적으로 생각하고 적극적으로 행동하며 모든 일에 열정을 다하는 사람이 되겠다.

10. 다른 사람을 내 편으로 만들기 위해 먼저 내가 그 사람의 편이 되어 주겠다.

11. 매일 의도적으로 웃고 감사하고, 긍정의 언어를 쓰고 감사일기를 쓰고 가족들에게 보내주겠다.

12. 실수와 실패의 일기를 써서 잘못을 인정하고 배움으로써 내 보물로 만들겠다.

13. 절대긍정을 하면 기적을 만들 수 있다는 것을 명심하고 항상 절대긍정을 하겠다.

14. 사람은 노는 데 돈을 지불하는 것을 당연하게 생각한다. 돈을 벌면서 논다고 생각하면 일은 정말 소중한 것이 된다. 일은 돈을 벌면서 노는 것이라고 생각하겠다.

15. 길이 없으면 길을 만들면서 가겠다.

16. 귀찮고 게을러지려는 마음을 다스리기 위해 매일 긍정의 언어를 기록하고 보고 생각하면서 자신에게 최면을 걸어 뼛속까지 기억하도록 하겠다.

17. 남들이 비웃을 엄청난 목표를 세우고 미련하다고 할 만큼 절대로 포기를 하지 않으며 미쳤다는 소리를 듣더라도 모든 것을 즐기며 미치게 하겠다.

18. 관심과 간섭을 구분하겠다.

19. 어려울수록 재미있다. 어려운 것을 신나게 하겠다.

20. 주고받는 법을 배우겠다.

21. 타인의 시선을 무시하겠다. 혼자서도 즐겁게 잘 노는 이기적인 사람이 되겠다.

22. 시도가 없는 답은 없다. 시도하지 않으면 후회하게 된다는 것을 알고 사명을 지침으로 열정을 동력으로 삼아 생각한 것을 반드시 현명하게 실천하겠다.

23. 내 이력서에 남들이 하지 않은 일을 했던 것으로 채우겠다.

24. 사람들은 대부분 시간과 자금과 노력을 기회보다 문제에 집중한다. 그것을 기회에 집중하겠다.

25. 행동하는 사람처럼 생각하고, 생각하는 사람처럼 행동하는 사람. 깊이는 있으나 무겁지 않고, 부드럽게 행동해도 가볍지 않은 사람이 되겠다.

26. 내 뇌와 세포, 잠재의식과 뼈, 근육과 손발, 눈과 귀, 내장 기관과 말초신경 등 내 몸이 건강해 준 것에 대해 매일 감사의 말을 하겠다.

27. 1년에 100권의 책을 읽겠다.

28. 하루에 한 장 이상을 쓰겠다.

29. 10년 안에 내 책을 내겠다.

30. 그냥 읽을 때보다 책을 내기 위해 읽을 때 집중력은 수백 배 높아진다. 책을 내겠다는 생각으로 모든 것을 읽고 보겠다.

31. 생각은 언제 날지 모르고, 언제 잊어버릴지 모른다. 꿈속에서라도 생각나면 바로 일어나 메모하여 내 자산으로 만들겠다.

32. 잠이 오지 않는 괴로운 시간을 책을 읽고 글을 쓰는 기회의 시간으로 전환하겠다.

33. 우리 아이들이 살아가면서 부딪치게 될 문제들을 예상하면서 나의 의견을 기록해 나가겠다.

34. 훌륭한 것을 모방하고 위대한 것을 도용하여 재가공하겠다.

35. 자투리 시간을 잘 활용하여 부족한 능력을 노력으로 극복하겠다.

36. 머리 탓하지 않고 뇌와 세포, 감정과 잠재의식, 뼈와 근육, 말초신경까지 동원해 기억하도록 하겠다.

37. '나는 미래의 나에게 얼마나 당당할 수 있는가?'를 생각하면서 미래의 나

에게 당당할 수 있도록 오늘을 살겠다.

38. 무능하다고 나를 탓하지 않고 다른 사람의 도움을 받아 부족한 점을 보완하고 더 큰 일을 해내겠다.

39. 기록하지 않고 잊는 것은 잃는 것이다. 항상 기록하고 계속 복습해서 잊지 않고, 잃지 않겠다.

40. 넘어졌을 때는 오히려 많은 것을 주울 수 있는 기회다. 넘어졌을 때 더 많은 것을 배우겠다.

41. 모든 일은 예술이라고 생각하고 사소한 차이가 엄청난 차이를 만들어 낸다는 것을 기억하고 끝까지 최선을 다하겠다.

42. 매일 노력해서 사랑과 행복을 만들어 가겠다.

43. 한 번 더, 한 번 더, 끝까지 한 번 더. 어떤 일이든 포기하지 않겠다.

44. 다른 사람에게 지는 것은 용서할 수 있지만, 자신에게 지는 것은 절대로 용서하지 않겠다.

45. 다른 사람이 나를 부정하는 것은 어쩔 수 없다. 내가 나를 부정하는 슬픈 일은 하지 않겠다.

46. 다른 사람과의 약속보다 자신과의 약속을 더 중요하게 생각하고 지키겠다.

47. 아까워서 버리지 못한 물건을 다른 사람들과 나눔으로써 나눔의 미학을 실천하겠다.

48. 일을 고통이라고 생각하는 사람도, 행운이라고 생각하는 사람도 옳다. 모든 일을 행운이라고 생각하며 즐기겠다.

49. 낭만적 긍정이나 막연한 자신감이 큰 실패를 가져올 수 있다. 치밀하게 준비하고 목숨을 건 노력을 하겠다.

50. 게으르고 귀찮고 하기 싫은 일을 반드시 실천하고 그런 나 자신을 항상 대단하다고 칭찬해 주겠다.

51. 좋은 습관은 평생 보물이고 나쁜 습관은 평생 빚이다. 나쁜 습관을 버리고 좋은 습관을 만들어 마음의 부자가 되겠다.

52. 100세 시대 나의 수명 목표는 150살이다. 오래 살 위험에 대비하겠다.

53. 매 순간 노래와 춤을 추며 나를 즐겁게 해 주겠다.

54. 뇌가 나에게 생각이라는 선물을 주는데 안 받으면 기분 나빠하며 다음부터 주지 않는다. 받아주면 기분이 좋아 다음에도 주고 싶어 한다. 뇌가 선물을 주면 시간에 관계없이 받아주고 감사하겠다.

55. 아침에는 좋은 일이 있을 것이라고 상상하고, 저녁에는 오늘은 이런 좋은 일이 있었다고 감사하며 생활하겠다.

56. 공감하고, 공유하고, 감탄하겠다.

57. 상황은 바꿀 수 없어도 나의 태도를 바꾸겠다. 긍정적인 것을 받아들이고, 부정적인 것을 재해석하고, 그 상황에 의미와 가치를 부여하고 키우겠다.

58. 성장, 성취, 성공, 행복하기 위해서는 능력보다 노력이 중요하고, 노력보다 간절함이 중요하다. 모든 것을 간절하게 하겠다.

60. 승리했을 때는 하루만 즐기고, 실패했을 때도 하루만 슬퍼하면서 그 경험을 기록하여 앞날의 디딤돌이 될 보물로 만들겠다.

61. 행복하기 위해서는 성공보다 성취가 중요하고, 성취보다 성장이 중요하다. 날마다 1%씩 성장하겠다.

62. 작든 크든 지금 이 순간도 나는 선택하고 결정한다. 10년, 20년, 30년, 50년 후, 아니 내가 죽은 후에도 후회하지 않을 선택과 결정을 하겠다.

63. 잘한 선택도, 잘못 한 선택도 없다. 잘한 선택이 되도록 만들겠다.

64. 나 자신이 가장 소중한 자산이다. 자산관리를 잘하겠다.

65. 큰 문제에 큰 보물이 있다. 항상 그곳에서 보물을 찾아내겠다.

66. 가장 소중한 사람들을 위해서 평생 동안 즐겁게 연기를 하겠다.

67. 비굴함과 비열함을 웃음으로 참아내고 소중한 것을 먼저 하겠다. 소중한 것을 위해서는 돈도, 지위도, 명예도, 권력도, 자존심도, 목숨도 버리겠다.

68. 원하는 것을 얻기 위해서는 반드시 대가를 지불하겠다.

69. 유형 자산은 물론 긍정과 열정, 희망 등 무형의 자산도 항상 키워 가겠다.

70. 자신에게 감동하고 뿌듯함을 느끼는 그런 삶을 살겠다.

71. 반복된 생활을 하며 나도 모르는 사이에 안 좋은 습관과 고정관념에 빠졌을 것은 당연하다. 매 순간 자만심을 버리고 고정관념을 깨겠다.

72. 하고 싶지만 하지 말아야 할 일과 하고 싶지 않지만 꼭 해야 할 일을 잘 분별하고 먼저 하겠다.

73. 일터를 꿈터로 만들고, 일을 꿈처럼 하겠다.

74. 모든 상황이 보는 사람에 따라서 가치가 달라진다. 세상에 모든 것이 정답은 없고 명답만이 있을 뿐이다. 생각과 행동의 자율성과 유연성을 키워 가겠다.

75. 누군가를 도와주는 것이 '나를 행동하게 하는 가장 큰 동기'였다. 도울 방

법을 연구하고 모든 일을 내 일처럼 생각하고 즐기며 도와주겠다.

76. 사람을 만날 때마다 내가 먼저 밝게 인사하겠다.

77. 사과와 감사의 기회를 놓치지 않겠다.

78. 절대로 억울한 사람을 만들지 않겠다.

79. 잘못을 변명하지 않고 인정하며 진심으로 사과하겠다.

80. 생각의 체력이 육체의 체력보다 강하다. 생각의 체력을 항상 키우겠다.

81. 우리 직원들이 일은 예술이라고 느끼도록 해 주고 실패에 대한 두려움을 없애 주고, 일을 하면서 행복하고, 성취감과 존재감을 느끼도록 하겠다.

82. 안 된다는 말은 식물도 싫어한다. 절대로 안 된다는 말을 하지 않겠다. 으 짜께라우~ 곤란하네요~

83. 나를 만나는 시간이 재미있고 행복하도록 항상 노력하고 공부하며 내가 먼저 좋은 사람이 되겠다.

84. 잘한 것을 알아주면 정말 기분 좋아한다. 잘한 것을 알아주고 칭찬하겠다.

85. 뛰는 놈 위에 나는 놈이 있고, 나는 놈 위에 노는 놈, 노는 놈 위에 뛰는 놈. 튀는 놈 위에 미친 놈, 미친 놈 위에 타는 놈이 있다는 사실을 항상 기억하며 상대의 장점과 자신도 모르는 능력을 끌어내 주는 사람이 되겠다.

86. 사람을 비난하거나 비판하지 않고 항상 칭찬하겠다.

87. 좋은 아빠와 훌륭한 아빠, 좋은 남편과 훌륭한 남편, 좋은 사람과 훌륭한 사람이 되겠다는 불가능한 꿈을 꾸며 행복하게 살겠다.

88. 사람을 얻고 문제를 해결하는 첫 번째이면서 최고의 방법이 사정이다. 상대가 존재감을 느끼도록 사정하는 능력을 키우고 실행하겠다.

89. 모든 것에 성과보다는 관계를 먼저 생각하겠다.

90. 독특한 사람은 나쁜 사람이 아니라 특별한 사람이라고 느끼도록 하는 능력을 키우겠다.

91. 무너짐의 미학으로 사람들을 편하게 해 주겠다.

92. 아내와 아이들, 소중한 사람들이 항상 멋진 꿈을 꾸고, 몰입하면서 행복하도록 꿈 전령사가 되겠다.

93. 좌절을 겪은 이들에게는 희망을 주고 도전을 주저하는 이들에게는 용기를 주며 삶에 지친 이들에게는 따뜻한 위로가 되어 주겠다.

94. 모든 사람을 행복하게 해 주기 위해 자존심은 기꺼이 버리겠다.

95. 이영주의 사명과 목표, 꿈과 비전, 내가 사는 이유를 항상 실천하면서 모

두가 행복하도록 하겠다.

96. 이영주의 사명과 목표, 꿈과 비전, 내가 사는 이유를 항상 늘려 나가고 더 멋지게 할 수 있도록 공부하여 능력을 키우겠다.

공무원이 되면 좋은 점

1. 경제성: 공무원 합격은 중소기업을 창업한 거나 같다. 합격함과 동시에 50억 원을 얻은 것이다. 세상 어디에서건 직장 선택 기준에서 무엇보다 중요한 것은 월급(연봉)이다. 공무원 월급이 대기업에 비하면 적을 수 있지만, 30세 전후 사람들이 조금만 절약하면 생활하는 데 불편함 없이 쓸 수 있다. 빨리 시작하면 할수록 많다. 할부로 자가용도 살 수 있고, 문화생활도 할 수 있다. 자녀 교육시키고 결혼시키는 데도 그렇게 어렵지 않고, 10여 년 절약하면 집도 살 수 있다.

2. 안정성: 사오정(45세면 정년), 오륙도(56세에도 퇴직을 안 하면 도둑)라는 말이 어색하지 않게 들리는 것이 현실이다. 우리 때만 해도 대학에 들어가면 1~2학년에는 MT가고 미팅하면서 노느라 시간가는 줄 모르다 3학년부터 서서히 직장을 생각하며 공부하기 시작했다. 요즘은 좋은 직장이라고 하더라도 자녀들에게 한창 돈이 들어가는 사오십 대에 직장을 그만두어야 하기 때문에 직장 선택의 중요한 조건으로 안정성을 생각한다. 공무원은 일단 시작하면 매달 월급 받고, 호봉이 올라가고, 가끔 승진도 한다. 사표 내지 않고, 특별히 비리를 저지르지 않으면 61세까지는 한다.

3. 평생 배움과 베풂의 기회: 능력이 있어야 일할 수 있다. 그러기 위해 사람들은 돈을 주고 필요한 기술을 배운다. 그러나 <u>공무원은 매일 수억 원을 주고도 못 배울 것을 돈을 받으면서 배운다.</u> 한 가지 일을 다 배우면 다른 일을 또 배우라고 한다. 시간이 지날수록 우리 생활과 관련된 일을 대부분 배운다. 일하면서 얻은 성과는 조직의 것이 되지만, 지혜와 경험은 나의 소중한 자산이다. 배우는 것도 행복하지만 베푸는 것은 그 몇 배의 행복감을 준다. 그렇게 대가도 지불하지 않고 공짜로 배운 것으로 수많은 사람들에게 도움을 줄 수 있다. 그러면서 평생 자산인 많은 사람을 알게 된다.

4. 부가가치 증가율: 월급 받기 위해 일하는데 주민들은 감사하다고 한다. "공무원은 국민에 대한 봉사자다"라는 말이 처음에는 부림을 당하는 것 같아 기분 나빴다. 단지 노동의 대가가 월급이었다. 3년 정도 지나서 새로운

의미로 느껴졌다. 내가 며칠 일하면 주민들이 일 년 일해야 얻을 수 있는 도움을 줄 수도 있었다. 일이 힘들더라도 성취감에 비하면 아무것도 아니었다. 그때 국민에 대한 봉사자인 '공무원'의 진정한 의미를 알게 되었다. 5년 정도 지나니 공무원이 새로운 세상을 만들어 내는 '창조자' 같았다. 그동안 시키는 일만 하던 단계에서, 이제는 주민들에게 도움이 되는 일을 만들어서 하게 되는 창조자가 되었다. 내 시간의 가치는 시간이 지날수록 일당 1만 원에서 일당 몇 억 원이 되었다. 고급 인력이 된 것이다. 월급은 부수입에 불과했다.

5. 브랜드 가치: 사람들은 품질보다 브랜드를 보고 물건을 사는 경향이 있다. 신뢰할 수 있고 브랜드가 자신의 수준이라고 생각하기 때문에 자신의 가치를 높이기 위해 고급 브랜드 상품을 구입한다. 공무원이란 브랜드는 다른 직업에 비해 가치가 높다. 지역에서는 어지간한 외상은 다 할 수 있다. 농가에서 나오는 과일이나 채소를 선물로 받는 기쁨도 쏠쏠하다. 집을 살 때나 결혼할 때 은행에서 큰 문제없이 대출받을 수 있다. 자녀들도 부모가 공무원이면 자부심을 느낀다.

6. 세상을 구하는 최고의 봉사활동: 의사는 몇 명의 생명을 구할 수 있지만 공무원은 수천 명의 생명을 구할 수 있다. 돈 많이 번 사람이 성공한 사람이 아니라 많이 베푸는 사람이 성공한 사람이다. 사람들은 돈이 있어야 베풀 수 있다고 생각하나 공무원은 월급을 받으면서도 베풀 수 있다. 생활이 어려운 사람을 도와줄 수 있고, 생명까지 구하는 좋은 일을 얼마든지 할 수 있다. 돈을 주고 해야 하는데 돈을 받고 날마다 할 수 있는 일이 얼마나 있겠는가?

7. 사회적 지위: 직업에 따라 사회적 지위가 결정된다. 절대빈곤이 해결되고, 문화 활동을 할 수 있을 정도가 되면 사람들은 사회적 지위를 추구한다. 요즘 직업 선호도 1위가 공무원이다. 공무원의 사회적 지위가 다른 직업보다 높아졌고, 직업 선택 기준이 과거 월급에서 차츰 안정성과 사회적 지위로 바뀌었다. 나이를 먹을수록 공무원의 사회적 지위는 자동적으로 더 높아진다.

8. 무한한 추억거리: 돈 주고도 살 수 없는 경험들을 할 수 있는 것이 공무원이다. 힘들고 어려울수록 그 경험의 가치는 크다. 그동안 해 왔던 일들을 생각하면 엄청난 추억이고 나에게 칭찬거리가 되었다. 작은 일을 두려워하지 않은 덕에 더 크고 중요한 일들이 나를 기다리고 있고 그것은 더 큰 추억거리가 되었다.
이렇게 공무원이 되면 좋은 점들이 많다.

나는 어리석다

잘못된 최선은 최선일수록 최악이다.

아이들이 커 갈수록 스스로 하지 않아 불안하고, 야단치는 횟수가 늘어나면서 관계도 나빠진다. 이러지도 저러지도 못하는 심정을 아이들에게 야단치기보다는 하소연을 했다.

나 자신을 가만히 바라보면 어리석다.

실망스럽고 서운하다. 아이들이 내 기대치에 미치지 못한다. 내 기대치가 너무 높다. 내가 지금 옳다고 생각하는 것이 10년 후에도 옳을 것인가? 틀려 버리면 어떻게 책임져야 하는가? '아이들을 위해서'라고 하면 모든 것이 용서가 되는가? 그럴지는 모르지만 잘못돼 버린 그 아이들의 인생은 어떻게 해야 하는가?

중2, 고1인 아이들에게 큰 목표를 세우라고 주문한다. 아이들은 자기가 원해서가 아니라 내가 무서워서, 내가 좋다고 말한 것을 기준으로 목표를 잡는다. 그 계획을 거의 지키지 못한다. 아니, 하기 싫을 것이다. 스스로와의 약속을 잘 지켜야 한다고 늘 말하면서 계획대로 하지 못하는 아이들을 야단친다. 그것은 아이들이 정한 목표가 아니라 내가 하라고 해서 정한 목표라는 것을 나는 안다. 그러면서 아이들뿐만 아니라 나 자신에게도 실망하고 서운해한다.

아이들이 커갈수록 더 불안하다. 어떻게 해야 할지 정말 어렵다. 그들에게 좋아하는 것, 잘하는 것을 목표로 정하라고 한다. 그들은 자신들이 무엇을 좋아하는지도, 뭘 잘하는지도 모른다. 편한 것을 좋아하고 어렵고 힘든 것을 싫어한다. 편한 것을 잘한다고 행복할 수 있는가? 쉬울지 모르지만 행복하다고 할 수 있는

가? 솔직히 그들은 행복이 무엇인지 아직 모를 수 있다. 어렵고 힘든 일을 두려워하는 것은 당연하다. 당장 닥친 것이 아니기 때문에 대비하기도 어렵다.

내가 정한 목표를 아이들이 달성하지 못할까 봐 걱정한다. 아이들은 야단 맞을까 봐 불안해하고 스트레스 받는다. 잘하면 나는 기분 좋을지 모르지만 아이들은 힘들어한다. 힘들어한다고 하지 말라고 할 수도 없다. 더 발전하기 위해서는 현재의 고통을 이겨낼 수 있는 인내와 끈기가 반드시 필요하다는 것을 나는 물론이고 아이들도 안다. 계속 시키면 조금은 좋아질 것이다. 하지만 야단쳐도 크게 나아지지 않을 뿐 아니라, 계속 야단치고 감시하는 것도 내가 힘들어서 못한다.

스스로 알아서 하도록 그냥 두어야 하는가? 아이들이 정말로 스스로 잘할 수 있을까? 마흔여덟이나 된 나도 법과 도덕, 다른 사람들의 보이지 않는 관리가 없으면 제대로 하지 못하는데? "스스로 알아서 해라"라고 말하는 것은 아이들이 잘못되었을 때 책임지지 않겠다는 비겁한 말이다. 스스로 못할 것이라는 것을 빤히 아는데 그런 말을 하는 것은 성격상 나 자신을 용서하지 못할 일이다. 그렇다고 정확한 답을 가지고 있는 것도 아니다. 답을 모르는데 가르친다는 것도 무모한 짓이다. 잘못된 답을 가르치는 것은 파멸로 이끄는 것과도 같다. 비약했지만 **잘못된 일을 열심히 하는 것만큼 어리석은 일도 없다.** 혹시 내가 그러지 않는가 두렵다. 그렇다고 대충 편안한 수준에서 협상하는 것 또한 비겁한 일이다. 책임지지 않아도 될 적당한 선에서 안주하는 것이다.

아이들을 가르치는 것은 정답이 없다.

훌륭한 답을 만들기 위해 노력을 더 해야 하지만 겁난다. 강하게 하자니 따라올지 장담할 수 없고 알아서 하도록 두자니 잘못될까 봐 두렵다.

지금 내가 이렇게 쓰는 것도 뭔가 이유가 있을 것이다.

2014년 2월 16일

아빠인 영주의 고민

세상에 가장 어려운 일?

정답이 없는 문제, 자녀 교육

아침에 아이들에게 야단을 쳤더니 아내가 불안해하며 아침에 야단치지 말고 저녁에 했으면 좋겠다고 했다. 중학생인 아들이 놀기만 하고 공부를 하지 않아 숙제를 내주는데 그것이 아들에게 스트레스를 많이 준다며 스스로 하도록 지켜보는 것이 좋겠다고 했다.

사랑하는 여보!

당신 생각이 모두 맞소.

아이들에 대해 항상 고민하지만 답이 없네요.

내가 세상에 제일 어려운 것이 자식 키우는 일이오. 그렇다고 절대로 포기할 수 없는 것이 자식들 일 아니겠소? 이렇게도 생각해 보고 저렇게도 해 보고 다른 사람들 얘기도 들어보지만 어렵소.

석현이가 할 일을 못하고 있다는 것을 다 알고 있었지만 스스로 하길 간절히 바라며 오랫동안 지켜만 보고 있었소. 그동안 고민 고민하다가 어제부터 확인한 것이고 야단치지 않으면 안 될 것 같아 야단친 것이오.

아침에 야단치지 않고 저녁에 하면 더 좋을 수 있겠지.

그러나 애들이 잘못했을 때 야단쳐야 효과가 있지 그렇지 않고 아무 일 없다 밤에 하면 언제 적 얘길 하느냐며 오히려 반항할 수도 있을 것 같아 그렇게 한 것이오. 그리고 아침에 잘못했는데 저녁에 야단치면 하루 종일 야단맞을 생각하면서 다른 것을 해도 재미없고 불안할 것이오. 나도 저녁에는 어떤 일이 있을지 모르고. 나도 하기 싫지만 어쩔 수 없이 해야 하기 때문에 한 것이오. 아이들이 야단을 맞으면 기분이 안 좋은 것은 당연한 일이오. 당신도 듣고 있을 때 불안하고 걱정된다는 것도 아오. 다시 한 번 생각해 보고 그래도 우리 가정의 미래를 위해 그것이 더 좋을 거라고 생각되면 오늘 저녁에 말해 주시오. 그럼 그렇게 하리다.

석현이는 내가 아니라는 말, 맞는 말이오. 그런데 그 말이 왠지 석현이는 나보다 못 살 거라는 말처럼 들려서 서글프오. 석현이가 나보다 잘되었으면 하는 마음. 힘든 일을 이겨내야만 더 훌륭하게 될 것이라는 생각. 그것이 부모의 역할이라고 생각하기 때문에 하고 싶지 않지만 그렇게 한 것이오. 하고 싶은 대로 하면 영원히 하고 싶은 것밖에는 못하는 사람이 될까 봐, 하고 싶은 것도 못하는 그런 상황이 벌어질 것 같아 그랬소. 나는 아이들이 많은 것을 잘하고 지혜롭고, 모든 것을 즐기면서 행복했으면 하는 마음이 강하오. 강요하지 않으면 하기 싫은 것을 하지 않는 것이 사람이오. 나는 물론이고 석현이는 더더욱 그렇소. 강요와 처벌이 있어야만 하기 싫은 것도 한다는 말이오. 위험을 느끼지 않으면 절대로 변하려 하지 않는 것이 사람이오.

아이들이 나름대로 공부를 하긴 하지만, 그것은 그동안 너무 안 했기 때문에 조금 한 것처럼 보일 수도 있소. 당신은 처음부터 큰 기대를 갖지 말고 조금씩 즐기게끔 해 줬으면 좋겠다고 했지만, 나는 이미 그렇게 했었소. 당신이 비교하는 다른 아이들이란 열심히 하는 아이들이 아니고 보통 아이들과 비교하기 때문에 그럴 거요. 정말로 열심히 하는 아이들은 우리 아이들보다도 훨씬 더한다오. 남과 같은 결과를 얻기 위해서는 남들보다 3배 이상 해야 한다는 것이오. 남과 같이 해서는 열심히 했다고 할 수 없소.

자신이 한 행동에 대해 자신이 감동할 수 있어야 열심히 했다고 할 수 있소. 우리 애들이 착하고 속이 깊은 것은 나도 인정하오.

우리가 기다리면 애들이 나이 먹을수록 더 열심히 하고 더 발전하고 행복할 것이라는 희망이 있다면 나도 당연히 칭찬만 해 주고 고생하는 애들 보면서 안쓰러워할 것이오. 아이들이 한 살씩 더 먹어갈수록 행복해지기보다는 점점 더 위축되고 불안해하는 것 같아서 나는 더욱더 안타깝소. 친구들에게 조금씩 뒤처지다 따라잡기 힘든 상황이 되어 공부를 포기하지 않을까 하는 걱정도 크오. 미래는 너무나 빨리 변하고 예측하기 어렵기 때문에 더 많이 준비하고 더 노력해야 한다고 생각하오. 당신 생각도 맞지만 다시 한 번 깊이 생각해 보고 그래도 우리의 미래를 위해 그것이 더 좋을 것 같으면 저녁에 나에게 말해 주시오. 그럼 그렇게 하리다.

사랑하오.

2014년 3월 11일
사랑하는 이영주

부모님 싸움의 심판

문제의 답은 반드시 합리적일 필요가 없다.
나쁜 습관을 고치는 것은 지구를 드는 것보다 어렵다.

아이들이 중고등학생이 되어 자신의 삶과 세상에 대해 좀 더 깊이 생각할 시기라고 생각했다. 무슨 말을 해 줄 때가 되었다고 생각하고는 내가 어렸을 때 매일 싸우시는 부모님을 통해 배운 것과 두려워하면서도 시도하여 얻은 성과를 알려 주었더니 대단하다며 좋아했다.

사랑하는 현지야, 석현아.

우리 부모님, 너희 조부모님께서는 내가 태어나서 할아버지가 돌아가실 때까지 거의 매일 싸우셨어. 할아버지께서는 항상 할머니께 심한 욕을 하시고 많이 때리셨지. 할머니께서는 맞으면서도 피하지 않고 항상 대들었고. 그러는 할아버지가 무섭고 미웠어. 할아버지께서는 눈을 뜨시면 항상 담배를 피우시고, 새벽부터 술을 마셔서 늘 취해 계셨지. 어려서부터 나는 할머니와 할아버지 사이에서 잠을 잤어. 그때는 가족이 많고 방이 없어서 대부분 한 방에서 같이 잤지. 주무시면서도 두 분은 자주 싸우셨어. '언제 할아버지가 일어나 할머니를 때리실까?' 하고 나는 항상 겁에 질려 살았단다.

아픈 만큼 성숙해진다.

나는 어려서부터 많이 아파서 생각보다 빨리 철들었어.

나쁜 짓을 해서 부모님께 맞기도 많이 했지. 부모님은 항상 무서웠어.

중학교 2학년쯤이었을까?

두 분이 싸우시는 것이 아주 사소하다는 것을 느꼈어. 무서웠지만 싸우지 마시라고, 싸우지 않아도 된다고 말씀드리고 싶었어. 할아버지가 술에 안 취했을 때 용기를 내서 말씀드렸어.

"아버지, 다른 사람들에게는 그렇게 잘해 주시면서 왜 어머니께는 항상 심하게 욕하시고 때리시나요? 가장 소중한 가족을 왜 힘들게 하십니까? 오히려 가족에게 더 잘해 줘야 하는 것 아닌가요? 물론 저희가 잘못할 때도 있겠지만, 그것은 아주 사소한 일인데, 그것이 가장 소중한 가족들 마음에 큰 상처를 줘야 할 정도는 아니잖습니까? 저도 우리 가족이 웃으면서 행복하게 살았으면 좋겠어요. 제 말이 틀린가요?"

할아버지께서는 고개를 떨구시고 아무 말씀 못하시더니

"영주 니 말이 맞다. 미안허구나"라고 말씀하셨어.

"그럼 다음부터는 저희에게 화내지 마시고, 때리지도 말아 주세요."

"알었다"라고 다짐하듯 말씀하셨어.

맞을 각오로 말씀드렸는데 다행히 할아버지는 화도 안 내시고 내 말을 인정해 주셨어. '이제는 아버지께서 바뀌시겠구나'라고 생각했지. 기분 좋았어. 용기가 더 생겨서 다음에는 할머니께 말씀드렸어.

"어머니, 아버지께서 술 드시고 오시면 말대꾸하지 마시고 좀 참거나 피해 버리세요. 아버지도 술 깨시면 덜 그러시잖아요. 아버지가 잘못하시지만, 어머니가 계속 대꾸하시니까 아버지가 더 심해지시는 것 같아요. 대부분 사소한 일로 싸우시는데 아버지가 우리 집에서 가장 소중한 분이라고 생각하면 인정해 드리고 참을 수 있을 것 같은데요. 아버지도 싫지만, 술 드신 아버지와 계속 싸우시는 어머니도 그래요. 어머니 우리도 웃으면서 행복하게 살았으면 좋겠어요."

할머니도 내 말에 깊이 반성하시고 미안하며 다음부터는 안 그러겠다고 하셨어. 용기 내서 두 분께 말씀드린 것도 스스로 대견했지만 두 분 모두 동의했고, 미안하다고 하시면서 다음부터 안 하겠다고 했으니까 내가 얼마나 기분 좋았겠니? 상상이 가니? 앞으로는 부모님께서 더 이상 싸우지 않을 거라고 생각했어.

그런데…

그것은 단지 나의 바람이었어.

며칠이 지나 두 분은 전과 똑같이 싸우시더라?

말렸지만 화난 상태에서 두 분은 내 말을 안 들으셨어.

그러나 전과 다른 것이 있었어. 뭔지 아니?

상황은 같은데 내 마음은 다르더라.

두 분은 어땠는지 모르겠지만, 전에 두 분이 싸울 때는 매우 무서웠는데 이번에는 **전보다 두려운 것이 훨씬 줄어들었어.** 오히려 나와 약속을 지키지 않은 **두 분이 실망스러웠지.** 다음 날 나는 할아버지와 할머니께 나와 약속했으면서 왜 또 그러셨는지 물었어. 이제는 더 이상 두렵지 않더라. 두 분 다 미안하다고만 하시고는 다음에는 안 그러겠다고 다시 약속하셨어.

'두 번 약속했으니까 이제는 변하시겠지?'라고 나는 생각했었어.

그런데 이번에도 단지 나의 착각일 뿐이었어.

두 분은 바뀌신 게 없더라.

그러나 신기하게도 내 마음은 많이 변해 있었어. 이해되니? 전엔 그렇게 무서웠는데 **이제는 무섭기보다 약속을 지키지 않고 계속 싸우신 것에 실망을 넘어 화가 났어.**

할아버지는 술 드셨으니까 그랬다 치더라도 할머니는 술을 안 드셨기 때문에 변할 거라 기대했는데 할머니마저 아무 변화가 없어서 할머니께 더 화가 났어. 그래서 다음 날 할머니께 따지듯이 말씀을 드렸다? 이제는 내가 '갑'이 된 거야. 할머니께서는 미안하다고만 하셨어.

"나도 고칠라고 몇 번이고 다짐하고 다짐했는디, 느그 아부지가 술 먹는 것도 화난디 욕을 하믄 머리가 돌아 분디 으짜 것냐. 평생 이러고 살았는디. 마음은 고칠라고 해도 행동이 안 되드라. 영주야 미안허다."

'띠~~~ 이~~~ 잉~~~ 띵.'

쇠망치로 머리를 맞은 기분? 나는 그 순간 엄청난 것을 깨달았어. 뭔지 아니? 할머니 **마음을 이해할 수 있겠더라.** 내가 논리적으로 설명했고, 당신들이 약속했기 때문에 당연히 좋아질 거라고 크게 착각했던 거지. **이론과 실제의 큰 괴리를 경험한 거야.** 사람에 대해 조금 알게 됐어. 그러면서 고치지 못하시는 두 분이 **실망스럽고 밉다는 생각보다 안타깝고 불쌍하다는 생각**이 들었어. 그 후 나는 두 분이 싸우시면 **'무섭다'라는 생각에서 '안타깝다'라는 생각으로 바뀌었어.** 내 마음의 대반전.

곰곰이 생각해보니 새벽부터 밤늦게까지, 촌말로 '뼈 빠지게 고생하면서 자식들 공부도 제대로 못 시켜주고, 맨날 병치레만 하는 자식들을 보면서 당신들의 인생이 얼마나 한스러웠을까? 어쩌면 **두 분이 싸우시는 것이 나쁜 것이 아니라, 오히려 당신들을 생존하게 하는 힘을 키우는 것일지도 모른다'**라는 생각이 들더라?

"두 분이 싸우시는 것은 당신들의 한을 푸는 방법이고, 우리 집안을 지키기 위한 에너지를 충전하는 것이다"라고 내 생각이 바뀐 거야. "싸움은 한 가정을 지옥으로 만들고 파멸시키는 안 좋은 것이라는 생각에서 지옥 같은 세상에서 당신들이 살아남고 자식들을 키워내기 위한 발버둥이다"라고 생각하게 됐어. 생존을 위한 발버둥은 그 어떤 옳고 그름으로 따져서는 안 된다는 것을 안 거야. 그때부터 싸우는 것이 무섭기는커녕 두 분이 노는 독특하고 재미있는 방법이라고 생각했어.

너희는 아빠 잘 알지? 절대로 포기 안 한다는 거. 나는 전략을 다시 짰어.
"두 분의 생각을 바꿔서 싸움을 하지 않도록 하겠다는 생각에서 싸우시되 물건을 파손한다거나 할머니를 때리지 못하게 하고 싸우실 때 내가 항상 중간에 끼어서 장난을 치겠다"라고 생각을 바꿨지. 전에는 두 분이 싸우실 때 울면서 사정을 했었는데, 이제는 두 분의 싸움을 놀이라고 생각하고 나도 두 분과 같이 놀겠다고 전략을 바꾼 거야. 물론 생존을 위한 싸움거리 정도는 인정해 드려야 하지 않겠니?

처음에는 정말 무서웠다?
할아버지께서 할머니께 욕하고 때리려고 하면 내가 가로막고 할아버지께 말하고, 할머니께서 그러시면 그것도 할아버지보다 먼저 말하면서 싸움이 되지 못하도록 장난쳤어. 혼자 논 거지. 처음에는 겁났지만, 맞을 각오하고 한 거야. '자식인데 죽이기야 하겠어?'라고.

중간에 끼어 얄밉게 싸움을 가로막는 나에게 두 분 다 처음에는 욕하고 화내셨다? 두 분의 싸움을 나에게로 돌리는 것이 작전이었는데 완전 적중했어. 두 분은 나에게 화를 내면서 싸우는 이유를 잊고 힘도 빠져서 싸움은 전보다 훨씬 약해지고 빨리 끝났어. 물론 특별한 이유가 있어서 싸우신 것은 아니었지만 그다음부터는 두 분의 싸움이 싱거웠어.

정말 통쾌하더라. 아빠 기분 알겠니?

그 후에도 두 분은 계속 싸우셨지만 그 싸움은 싸움이 아니고 내 눈에는 에너지를 만들어내는 놀이였어. 싸움은 '두려운 것이다'에서 '즐거운 것이다'라는 생각으로 바뀐 거야.

이번 부모님의 싸움으로 나는 훨씬 더 커졌어.

확실히 생존을 위한 문제 속에 엄청난 보물이 있고 사람을 수백 배 성장시키더라. **부모님께 보호받는 아이였던 내가** 형님들이 출타하고 안 계시는 집에서 **부모님을 보호해야 하는 보호자로 성장했던 거야.** 지금도 그때의 선택을 정말 잘했다고 생각해. 재밌지?

문제의 답은 반드시 합리적일 필요가 없더라.

사람은 생각보다 합리적이지 못하더라. 특히 나쁜 습관에 길들여진 사람은 '미친놈'이라고 자신을 욕하면서까지도 감정적으로 행동해. 오래된 습관은 스스로도 통제하기 힘든 거야. 특히 **나쁜 습관을 고치는 것은 지구를 드는 것보다 어렵다고 했어.**

문제의 답은 합리적인 것보다 생각의 유연성을 키워서 문제를 정확하게 파악하는 것이 무엇보다도 중요한 것 같아. 너희도 옳은 것보다 먼저 사람을 중요시하고 행동하면 절대로 잘못된 선택을 하지 않을 거야. 사람 사이는 합리적인 것보다는 사랑이 더 중요하다는 거지.

너희들도 자신을 '보호받는 사람'으로 생각하지 말고 '보호하는 사람'으로 생각했으면 좋겠어.

2014년 4월 5일
세상에서 가장 행복한 사람이

우와,
어떻게 이렇게 멋진 편지를

행복이란 열심히 사는 것이다.

고1인 딸이 어버이날 감동적인 편지를 보냈다.

> 엄마, 아빠 행복하게 해드리지 못해 슬퍼요.
> 공부는 못하지만 행복합니다.
> 커서 꼭 효도하는 멋진 딸이 되겠습니다.
> 피나는 노력을 해서 꼭 **공무원 시험에 합격**하여 부모님이 어디 가서나
> 자랑을 할 수 있는 딸이 될게요.
> 얼굴보다 마음을 더 예쁘고 건강하게 만들도록 할게요.

To. 사랑하는 엄마, 아빠께

저는 엄마, 아빠를 사랑하는 딸 현지랍니다. 오늘이 제가 태어나고 17번째 어버이날이네요. 벌써 제가 고등학생이 되었어요. 엄마, 아빠를 행복하게 해 드려야 하는데 그런 게 별로 없는 것 같아 너무 슬퍼요.

제가 비록 공부는 못하지만 지금 사는 것에 불만 없고 행복하답니다. 그 이유는 엄마아빠가 저를 예쁘고(?) 성격 좋은 딸로 낳아 주셨기 때문이에요. 저는 '우리 집이 너무 화목하고 좋은 가정이다'라고 느껴요. 이런 집에서 태어나 너무 좋답니다. 이제까지 엄마, 아빠 덕분에 바르게 잘 자란 것 같아요. 엄마, 아빠가 해 준 만큼 공부로 보답해야 하는데 그러지 못해 너무나 죄송해요. 이제 고등학생이니까 공부에 집중해야 하는데 노는 걸 좋아하는 딸이라 죄송해요. 하지만 놀 땐 놀더라도 꾸준히 공부하는 딸이 될게요. 시험이 끝났지만 그때처럼 공부를 열심히 할게요. 17년 동안 저를 바르게 잘 키워 주셔서 정말 감사합니다. 그에 걸맞은 멋진 딸이 될게요. 커서도 꼭 효도하는 멋진 딸이 되겠습니다.

피나는 노력을 해서 꼭 공무원 시험에 합격하여 부모님이 어디 가서나 자랑을 할 수 있는 딸이 될게요.

집안일도 더 잘하고 텔레비전은 끊을 거예요. 벌써 TV 안 본 지도 4개월이 됐답니다. 마음먹으니 되더라고요? 한 달 뒤에 모의

고사가 있어요. 3월 모의고사 성적 정말 좋지 않았지만 이번에는 열심히 해서 꼭 한 등급 이상 올리고 엄마, 아빠 행복하게 해 드릴게요.

저희를 키우며 화나고 슬플 때도 많았겠지만, 앞으로는 그런 일 없게 하고 행복하고 기쁜 일만 있도록 할게요.

그리고 석현이도 스스로 공부를 열심히 하는 날이 꼭 올 거예요. 석현이는 만들기를 좋아하니까 공부가 아니더라도 좋아하는 일을 하며 살아 갈 수 있을 거예요. 저도 엄마, 아빠께 효도하고 결혼해서도 꼭 집에 자주 올 거고 기념일도 꼬박꼬박 챙길 거예요. 그런 걱정은 안 하셔도 된답니다.

이렇게 매일 같이 밥 먹고 사는 우리 가족이 커서 어떻게 떨어져 지낼 수 있을지 걱정이에요. 정말 아직까지는 상상이 안 가요.

엄마, 아빠! 저를 낳아 주셔서 감사합니다! 항상 얼굴보다 마음을 더 예쁘고 건강하게 만들도록 할게요. 그럼 안녕히 계세요.

2014년 5월 8일

엄마, 아빠를 사랑하는 딸 현지가

우와, 어떻게 이렇게 멋진 편지를….

너희는 태어나 준 것만으로도 이미 효도야.

항상 긍정적이고 쾌활한 너를 보면 아빠가 흐뭇해. 네 말처럼 우리 집은 다른 집에 비해 훨씬 더 화목한 편이지? 네가 화목한 가정에 태어난 것이 아니라 네가 있어서 화목한 거야. 네가 없으면 얼마나 삭막하겠니?

요즘 네가 훨씬 더 열심히 해서 아빠가 행복하단다? **행복이란 열심히 사는 거더라.**

열심히 사는 것만큼 행복한 것도 없어. 지금처럼 즐기며 열심히 하다 보면 크게 성공하지 못하더라도 너의 인생은 항상 행복한 인생이 될 거야. 놀기만 하면 불안하고 허탈한데 뭔가 열심히 하면 왠지 뿌듯하고 행복하지 않았니? 항상 그렇게 긍정적이고 적극적이며 모든 것을 즐길 줄 아는 사람이 되었으면 좋겠어.

그동안 네가 미래에 대해 확신이 없고 무엇을 하고 싶은지, 무엇을 해야 할지를 모르는 것 같아 불안했는데 **이번 편지에는 네가 꼭 공무원이 되겠다는 말을 해서 아빠가 너무 좋았어.** 고마워.

공무원이 좋기도 하지만 네가 미래와 직업에 대해 목표를 정했기 때문이야. 세우지 않은 목표는 절대로 달성할 수 없다는 거 알지? 너는 이제 목적지가 정해진 항해사야. 중간에 높은 파도도 만날 수 있겠지만 목적지가 있는 사람은 중간에 만나는 장애물을 거뜬히 뛰어넘을 수 있지. 그래! 네 말처럼 피나는 노력을 해 봐.

앞으로 효도를 더 잘하겠다는 말은 정말로 기분 좋은데? 이것
또한 엄청난 효도야.

이번에 석현이 편지를 보니까 석현이도 철이 많이 들었더라. 네
말처럼 석현이는 심성이 곱기 때문에 반드시 잘 살 거라고 믿어.
**한 가정이 행복하기 위해서는 모두가 잘해야 하지만, 한 사람만
잘못 해도 그 가정은 불행해진다고 했지?**
우리 가정이 행복한 것은 엄마, 아빠는 물론 너와 석현이가 잘
하기 때문이야.
엄마, 아빠의 딸로 태어나 줘서 정말 고마워. 사랑해.

2014년 5월 8일

딸에게 사랑받는 아빠가

너는 지금도 효도를 잘하고 있단다

인내는 쓰고 열매는 달다.

기다리는 것은 쉬운 일이 아니다. 그래도 기다려야 한다. 중학생인 아들이 공부를 못해서 미안하다고 했다. 공부를 더 열심히 하기를 바라지만 부담 줄 것 같아 직접적으로 말하지 않고 아들의 장점을 칭찬해 주었다.

우리 아들 석현아, 사랑해!

그동안 모르는 사이에 속이 많이 들었네?

너는 지금도 효도를 잘하고 있어.

첫째, 네가 너무나도 건강해서 감사해.

네가 아프면 엄마아빠가 얼마나 힘들겠니? 네가 건강하기 때문에 우리는 하고 싶은 것을 편하게 할 수 있어.

둘째, 너는 다른 청소년들보다 철이 많이 들었어.

셋째, 부모 말을 잘 듣는 착한 아이야.

넷째, 너는 모든 것에 절대긍정을 할 줄 알아.

다섯째, 인사를 매우 잘해.

여섯째, 어려운 사람을 잘 도와줘.

일곱째, 매일 나를 깨워 주고 같이 운동하고 샤워를 해.

여덟째, 아빠에게 편지도 잘 써 주지.

아홉째, 너무나 엄마, 아빠를 사랑한다는 거야.

너는 이 외에도 수없이 많은 좋은 점으로 엄마, 아빠에게 효도를 많이 하고 있어.

성적은 누구나 다 걱정하는 거야.

성적이라는 것이 한 번 떨어지면 다시 올리기가 엄청나게 힘들지? 너도 알겠지만, 그동안에 배운 것을 알지 못하면 앞으로 해야 할 것도 알 수 없게 되기 때문에 공부는 하기 싫더라도 꾸준히 하라는 거야. 시간이 지날수록 그 차이를 극복하기가 훨씬 어려워. 인생을 행복하게 사는 데 공부가 전부는 아니지만 가장 기본이고 가장 중요하다는 거 알지? 배우는 자체에 재미도 있고 배운 사람과 안 배운 사람의 성취도는 엄청나게 다르게 돼. 그래서 모든 사람들이 공부, 공부 하는 거야. 네 말처럼 공부도 잘하면 훨씬 기분 좋지 않겠니? 석현아, 지금부터 너 자신과 싸우는 큰 싸움을 해 봐. 세상 모든 위대한 사람들은 모두 남들보다 더 강한 자신과 싸워 이긴 사람이래. 처음에는 정말 어렵겠지만 반복하면 그것은 점점 쉬워지고 재밌어져. 그러면서 그것은 네가 너를 믿게 만들고 행복하게 해 줄 거야.

석현아, 부탁이 있어.

첫째, 항상 감사하고, 모든 것에 절대긍정을 해 줘.

둘째, 하루 1시간은 하늘이 두 쪽 나도 운동하고.

셋째, 잠자리 들기 전에 하루를 정리하고 명상해 줘.

넷째, 항상 1년 후, 3년 후, 5년 후, 10년 후, 50년 후 미래의 너의 모습을 그려 봐.

생각만 바꾸면 너는 뭐든 해낼 것이라고 믿어.

2014년 5월 8일

아들로부터 존경받는, 세상에서 가장 행복한 아빠가

일은 나에게 모든 것을 주었다

일이라고 쓰고 보물이라고 생각한다.

　자신의 상황을 어떻게 생각하느냐에 따라 천국도 될 수 있고 지옥도 될 수 있다. 아이들이 항상 자신의 상황을 긍정적으로 생각했으면 하는 마음에서 내 직업에 대한 나의 생각과 내가 쓴 글을 읽고 딸이 했던 말을 다시 보냈다.

　"일은 나를 나로 만들어주고, 행복하게 해주고, 세상을 천국으로 만들어 주고, 나를 천사로 만들어 주는…."

일이라고 쓰고, 보물이라고 생각한다

일은 고통이고, 참아야 할 괴로움으로 생각했다.
처음 할 때는 정말로 하기 싫은 것, 나를 힘들게 하는 것, 사람들에게서 모든 것을 빼앗아 가는 것, 죽음에 이르게 하는 것이라고 생각했다.

정말 몰랐었다.

일은 나에게 모든 것을 주었다.
돈과 명예, 가족, 직장과 직업, 건강과 사랑, 감사, 행복, 성장과 성취, 행운과 기적, 웃음과 기쁨, 희망, 자신감, 좋은 사람, 수많은 추억, 존재 의미, 활력, 감동과 감격, 깨달음 등 수많은 것을 주었다.

갑자기 이렇게 된 것이 아니다.
모르는 사이에 아주 천천히, 아주 작은 것들이 수많은 시간과 노력을 거친 후에 진주조개 속 '진주'처럼 엄청난 '보물'이 되어 있었다.

이왕에 할 일, 즐기겠다.
이왕에 할 일, 더 빨리 하겠다.
이왕에 할 일, 더 좋게 하겠다.
이왕에 할 일, 더 크게 하겠다.
이왕에 할 일, 더 멋지게 하겠다.
이왕에 할 일, 끝까지 하겠다.

모든 일을 '작품'을 만든다는 생각으로 했다.
모든 일을 '최고'로 만들겠다고 했다.
모든 일을 '보물'을 만든다는 생각으로 했다.

일을 고통이고 참아야 할 괴로움으로 생각했을 때는 겨우 해내고 끝낸 후에도 허접하고 찜찜했었다.
잘했다거나 성공이라는 말은 먼 별나라 얘기였다.

큰 문제는 한 가지 보물만을 가져다주는 것이 아니라 수만 가지 보물을 가져다주었다.

이렇게 내가 감사할 수 있는 것도 일 덕분이다.

"일은 나를 나로 만들어 주고, 행복하게 해 주고, 세상을 천국으로 만들어 주고, 나를 천사로 만들어 주는…

내 머리로는 표현할 수 없는 소중한 것이다."

일에 정말로 감사하다.

우리 딸 현지에게 감사한다.

아침에 적은 '일이라고 쓰고, 보물이라고 생각한다'라는 글을 보여 주며 어떠냐고 물었더니 '멋지다'라고 했다.

그러면서 "아빠 이거 다른 사람이 쓴 것 보고 쓴 것 아냐?"라고 물었다.

내가 살면서 느끼고 생각난 것을 썼다고 했더니 "아빠가 자랑스럽다"라고 했다.

이렇게 쓴 글을 앞으로 책으로 만들어도 되겠냐는 질문에 아주 멋진 생각이라고 했다.

나는 유서를 작성해 놨다. 이미 작성한 유서에 아들은 내가 노트에 손으로 작성한 모든 글을 책으로 만들어 주고 너는 이렇게 파일로 작성해서 컴퓨터에 들어 있는 글을 책으로 만들어 주라고 유언했다고 했더니 그것도 정말 멋있는 일이라고 했다.

딸에게 칭찬받고 자랑스럽다는 소리를 듣는 것은 세상의 그 어떤 것보다도 좋다.

사랑하는 우리 딸 현지에게 감사한다.

나는 정말 행복하다.

전체 석차가 51등이나 올랐어?
기적이야!

기적은 만드는 것이다.

딸이 공무원이 되겠다는 목표를 정하고 열심히 공부하더니 6개월 만에 전체 석차가 51등 올랐다. 기적이다. 목표가 기적을 만든 것이다. 부족한 부분이 무엇인지 알고 어떻게 대비하는지도 아는 딸이 정말 대단하다. 성적이 많이 올랐다고 우쭐해서 자만하지 않을까 걱정되었다.

대단해! 대단해! 정말 대단해!

네가 자랑스러워 미치겠어. 세상 모든 사람들에게 자랑하고 싶어. 그래도 되니?

전체 석차가 51등이나 올랐다는 것은 기적이야. 너는 이번에 기적을 만들었구나? 새로운 목표와 피나는 노력이 기적을 만들었어. 기적은 일어나는 것이 아니라 만드는 것이구나? 대단해!

아빠도 살면서 기적이 일어나는 것을 자주 느꼈어. 그것은 어떤 말로도 표현할 수 없는 큰 감동이었지! 너도 이번에 크게 감동받았을 거야. 다른 사람에게 감동받는 것도 행복하지만 **자신에게 감동받는 것보다도 더 큰 기쁨은 없더라.** 그 기분 계속 유지하고 너 자신을 더 크게 발전시키는 계기로 만들어 봐.

현지야! 너는 잘하겠지만 그래도 네가 성취감에 도취해서 공부를 소홀히 할까 봐 얘기할게.

너도 알겠지만 인생이란 산 너머 산이야. 한 고비를 넘었다고 생각할 겨를도 없이 다음 과제가 우리를 기다리고 있어. 과제의 수보다도 더 많이 노력하지 않으면 실패의 쓴맛을 자주 경험하게 될 거야. 성공의 기쁨은 하루만 즐기고, 실패도 하루만 슬퍼하라고 했어. 성공한 사람과 실패한 사람을 결정하는 것은 바로 이 점이야.

'실패는 성공의 어머니이지만, 성공은 실패의 아버지'라고 했어.

성공에 도취해 있으면 분명히 파멸한다는 거야. 모든 것이 끝날 때까지는 끝난 것이 아니야.

모든 일을 즐길 줄 아는 사람이 성공하고, 의미 있고 가치 있는 삶을 살 수 있는 거래.

자주 얘기하지만 세상에 가장 어리석고 완벽한 실패는 포기하는 거야. 포기하지 않으면 불가능은 없대. 알지?

다행히 너는 포기하지도 않고 모든 일을 즐길 줄 아는 멋진 사람이어서 아빠는 항상 좋아.

계획서도 참 잘 썼더라.

네가 계획한 것 이상을 달성하여 너 자신에게 대견함을 선물해 줘. 너는 자신을 정말로 좋아하게 될 거야.

사랑해. 우리 딸.

2014년 12월 20일
너의 영원한 동반자인 아빠가

딸이 반장 선거에 떨어져
절망에 빠졌다

삶이란 보물찾기다.

딸이 1학년 때 반장을 해서 2학년 때에도 당연히 반장이 될 거라 생각했다. 친구는 반장 선거에 안 나갈 거라고 해서 현지는 그 친구에게 반장 선거에 나갈 거라고 고민을 털어놨는데 그 친구가 출마해서 딸이 떨어졌다. 배신감과 분노는 내 편이라고 기대했던 사람에게 외면당할 때 생긴다. 친했던 친구에게 큰 배신감을 느껴 절망에 빠진 딸에게 공감해 주고 앞으로 어떻게 하는 것이 좋은지 알려 주고 싶었다.

사랑하는 우리 딸 현지야! 얼마나 슬프니?

당연히 될 줄 알았는데 떨어졌다는 말을 듣고 아빠도 날벼락 맞은 것 같았어. 나도 이렇게 기분 나쁜데 너는 얼마나 슬플까? 수연이 참 나쁘구나! 더 많이 아파하고 더 많이 울어라. 살아가면서 이런 일이 얼마나 있겠니?

다시는 눈도 마주치지 말고 아는 척도 하지 말아 버려.

그리고 다음에 꼭 원수를 갚아 줘. 너보다도 훨씬 더 슬프고 더 많이 울도록 말이야. 오늘부터 어떻게 하면 더 아프게 할 것인가를 항상 연구하고 노력해 버려.

내가 봤을 때는 네가 훨씬 더 훌륭하고 착한데….

현지야.

큰 문제에 큰 보물이 있다고 늘 얘기했지?

이번 사건 속에 숨어 있는 엄청나게 큰 보물은 오로지 너만의 거야. 누구도 자기 것으로 만들 수 없고 가져갈 수 없어. 그것이 사라지기 전에 빨리 네 것으로 만들어라. 이 편지 읽는 즉시 그 속에 들어 있는 보물을 구체적으로 기록해 봐. 그래서 그 보물을 아빠에게도 보내 줘.

전에 아빠에게 일어난 사건에서 아빠가 찾아낸 보물을 너에게 보내니 참고해서 너는 더 많은 보물을 찾아 봐.

아빠의 안 좋은 사건과 그것에서 얻은 보물

지난해에 산업통상자원부에서 나에게 장관상을 주겠다고 연락이 왔었어. 나보다 교통행정팀에서 열심히 잘하고 있는 김명훈 직원을 추천하면 좋겠다고 과장님께 말씀드리고 부군수님께 말씀드렸지. 그런데 부군수님께서 그 직원은 문제가 있으니 다른 사람을 추천하라고 하셨어. 나는 명훈이가 일을 열심히 하는 직원이고, 교통 관련 과태료 체납자에 대해 전국 최초로 예금통장을 압류한 전국에서 유일한 직원이라고 말씀드렸지만 받아들여지지 않아 너무나 서운했어. 참지 못하고 부군수님께 서운하다고 말씀을 드렸다가 부군수님을 화나게 했었지. 일을 좋게 하려던 것이 오히려 완전히 안 좋은 일이 되어 버린 거야. 나의 최고의 아군이었던 부군수님을 최고의 적으로 만들어 버린 결과가 됐어. 전혀 예상하지 못했던 거지.

부군수님은 일을 잘하는 것도 중요하지만 인격을 갖추고 윗사람의 의견을 존중할 줄 알아야 훌륭한 공무원이라고 하셨어. 듣고 보니 틀린 말씀이 아니더라. 그런데도 그 자리에서는 화나고 미웠어.

그 일로 얻은 보물은?

첫째, 상사의 의견이 나와 다를 때는 먼저 받아들인 후에 좋은 분위기가 되면 다시 말씀 드리고, 그래도 안 되면 상사의 의견에 따라야 한다.

둘째, 모든 일이 나의 생각대로 되는 것은 아니다. 결정권을 상사에게 주어야 한다.

셋째, 상사가 틀렸더라도 "제가 틀렸습니다"라는 말을 할 줄 아는 용기와 지혜가 필요하다.

넷째, 상사가 틀렸지만 내게 틀렸다고 할 때 나는 그 순간 억울하지만, 상사가 틀렸다고 내가 계속 우기면 그 후의 불이익과 억울함은 영원히 간다.

다섯째, 눈에 보이는 것이 전부는 아니다. 말로 구체적으로 하지 못하는 것들이 이 세상에는 너무나 많다. 그런 것은 어쩔 수 없이 손해를 보겠다는 마음으로 편하게 받아들여야 한다.

여섯째, 상이 항상 좋은 것은 아니다. 이번에는 나에게 최악이었다. 그러나 다행히 이렇게 좋은 교훈을 주기도 한다.

일곱째, 똑똑한 것보다 비겁하지만 가만히 있는 것이 손실을 최소화할 수 있는 방법이라는 것을 알았다.

여덟째, 그래도 총무과장님과 우리 과장님께서 나를 응원해 주셔서 감사하다.

아홉째, 슬프다. 오늘 내가 배운 것들의 대부분이 48년 동안 배워 온 것들과 다르다는 것을 알게 되어 슬프다. 그러나 인정하니 편하고 감사하다.

열째, 오늘도 기분 나쁜 사건에서 엄청난 보물과 지혜를 얻게 되어 기쁘다. 나는 행복한 사람이다.

현지가 아빠에게 보낸 편지

아빠가 이런 말들을 해 주니 직장은 학교보다 훨씬 힘들고 만만치 않은 곳이구나 하는 걸 항상 느껴.

아빠를 항상 좋게 봐 주시던 부군수님께서 이번 일로 아빠와 사이가 나빠져 아빠에게 불이익이 가거나 앞으로 하는 일에 응원해 주시지 않을 것 같아 조금 걱정돼. 하지만 아빠는 일을 잘하니 곧 다시 관계를 회복할 수 있을 거야. 아빠가 틀리지 않은 것은 분명하지만 아빠가 고집을 부려서 얻은 것보다 잃은 게 훨씬 더 많기 때문에 아빠가 조금만 더 생각했으면 좋았겠다는 생각이 들어. 그렇지만 총무과장님과 아빠의 과장님도 아빠의 편을 들어주신 것은 정말 감사하고 아빠의 의견이 정말 맞는다는 것을 증명하는 것 같아. 수많은 상을 받아 온 아빠는 분명 다시 열심히 일해서 부군수님께 칭찬받고 인정받을 수 있을 거야. 아빠 힘내세요.

2014년 11월 25일
아빠를 사랑하는 딸이

너의 안 좋은 사건에서 얻을 수 있는 보물이 무엇인지 아빠가 생각해 봤어.

1. 반장이 되지 않아서 시간을 절약할 수 있고 공부에 더 집중할 수 있어서 좋을 것이다.
2. 반장을 하며 본의 아니게 친구들에게 싫은 소리를 했는데 이제는 하지 않아도 돼서 좋을 것이다.
3. 세상은 눈에 보이는 것만이 전부가 아니라는 것을 깨달았을 것이다.
4. 아무리 사소한 일이라도 쉽게 되는 일이 없다는 것, 끝까지 최선을 다해야 한다는 것을 알았을 것이다.
5. 큰 슬픔이나 큰 고통은 그것을 이겨내면 큰 성장을 가져다 줄 것이다.
6. 당연히 될 것으로 알았지만 어떤 일이든 끝날 때까지는 끝난 것이 아니라는 것도 알았을 것이다.
7. 아무리 슬픈 일이 있어도 가족이 있어서 좋다는 것도 알았을 것이다.
8. 다른 사람을 이기지 않으면 자기가 힘들어지고, 이기면 적을 만들게 된다는 것도 알았을 것이다.
9. 아무리 너를 힘들게 한 친구일지라도 적으로 만들고는 살 수 없다는 것을 알았을 것이다.
10. 눈도 마주치기 싫은 친구일지라도 용서하지 않으면 자신이

더 힘들다는 것도 알았을 것이다.

'이기는 것보다 중요한 것이 배우는 것'이라고 했어.

　최소한 이 정도는 느끼고 배워야 할 것 같아. 엄청난 보물 아니니? 현지 네가 더 느끼고 배운 것을 추가해 주면 아빠는 더 기쁠 거야. 이번 일이 너의 안 좋은 습관을 고치고 좋은 태도를 만드는 계기가 되었으면 해.

　다른 사람이 자기 마음대로 되지 않는다고 화내지 마라. 자기 자신조차도 마음대로 되지 않는 거니까? 알지? 수연이에 대한 최고의 복수는 네가 아파하지 않고 더 성장하는 거고, 수연이를 원망하지도 않고 용서하는 거야. 수연이를 용서하고 더 좋은 관계를 만들어서 너희가 더 아름답고 멋지게 발전하는 계기로 만들어 봐. 그것이 누가 봐도 너의 최고의 복수가 될 거야.

　큰 슬픔을 멋지게 이겨내고 많은 것을 배운 우리 딸이 정말 자랑스럽구나.

　우리 딸 현지야, 사랑해.

2015년 3월 10일
항상 너의 편인 아빠가

2015년 이현지 목표

아쉽지만, 목표를 하나도 달성하지 못했다.

2이5년 목표 !!

① 1학기 총 성적 2등급대

② 학업우수상 받기   ※ 3주 토요예
                       봉사교도 다성기 !!

③ 문학 기행 가기

④ 일본 여행 가기

⑤ 수행평가 우수상 받기

⑥ 1학기 영어 3등급 . 2학기 영어 2등급

⑦ 모든 수행 평가 열심히 !! 절대 포기 X

⑧ 모의고사 영어 듣기 다 맞기

공무원 시험 1년반 !! 3학년때 합격
(국. 수. 영. 사. 한국사)

딸이 포기할까 봐 걱정된다

모든 것이 쉬워지기 전에는 다 어렵다.

딸이 시험 점수가 안 좋아서 의기소침해 있다. 물론 자신도
최선을 다하지 않았다는 것을 인정하면서도 불안해했다. 의욕
을 잃고 공부를 포기할까 봐 걱정돼서 딸의 장점들을 얘기해
주면서 사기를 키워 주려고 썼다.

요즘 아빠가 너를 보면 정말 기분 좋다는 거 아니?

왜냐하면 네가 시간을 아주 소중하게 사용하고 있기 때문이야. 그런 너를 항상 칭찬해 줘. 다른 사람들에게 칭찬받는 것도 기분 좋지만 자신에게 칭찬받을 때가 가장 뿌듯하더라.

모든 것이 쉬워지기 전에는 다 어렵다는 거 알지?

실패를 경험하면 누구나 사기가 떨어지지. 당연한 거지만 그것을 얼마나 빨리 극복하느냐가 중요하다고 생각해. 아빠가 해 보니 그것을 극복하는 가장 좋은 방법은 실패 노트를 쓰며 의미와 가치를 부여하고 배울 점을 찾는 거였어. 그렇게 하면 그 실패는 실패가 아니라 짧은 시간에 가장 많이 성장시켜 주는 소중한 경험이 되었어.

성적은 학생에게 가장 중요한 것 중 하나지만 그것이 너의 가치를 모두 말해 주는 것은 아니야. 훌륭한 인품과 항상 노력하는 습관이 너의 가치를 더 높여 주는 거지. 어떤 일에 최선을 다함으로써 잠재 능력을 끌어내는 것도 자신의 가치를 확인하는 방법이야. 노력의 결과가 좋으면 더욱더 좋겠지만, 결과보다도 최선을 다하며 그 과정을 즐길 줄 아는 것이 더 행복하더라. 내가 살아보니 **행복이란 무엇보다 노력 그 자체였어.** 왜냐하면 노력하면 가치가 커지기 때문이야.

세상에 가장 위대한 사람은 현재 자기가 하고 있는 것에 최고의 의미와 가치를 부여하며 즐기는 사람이래. 그래서 아빠도 항상 그렇게 살려고 해. 남들은 비웃을지 모르지만, 아빠 사는 모습이 나름대로 멋지다고 생각하지 않니? 처음부터 이런 건 아니었어. 아빠도 어렸을 때 할 수 있는 것이 아무것도 없어서 세상이 두렵더라. 그렇다고 포기할 수도 없었어. 가진 거라고는 맨날 병에 걸려 비실거리는 몸뚱이 하나였지만 죽을 고비를 여러 번 넘긴 덕에 모든 것에 목숨을 거는 무모함이 있었지. 사실 자신감이 있었던 건 아냐. 살아내기 위한 간절함이 나를 그렇게 움직였던 거 같아.

너는 **"아빠는 머리는 좋지 않지만 피나는 노력을 통해서 그걸 극복했는데 다른 사람들은 아빠가 똑똑한 사람이라고 생각한다"** 라고 했지?

목숨을 건 무모하고 끈질긴 노력이 아빠를 그렇게 보이도록 한 거라고 생각해. 너도 "더 열심히 해서 아빠처럼 노력으로 머리를 극복하고 남들에게 똑똑하고 지혜로운 사람으로 인정받고, 아빠가 자랑할 만한 딸이 되고 싶어"라고 했지? 너는 꼭 그렇게 될 거야.

새롭게 시작하는 것은 정말 어려운 일이야. 그러나 지속하는 것은 훨씬 더 어려워. 끈기 있게 지속하는 너의 작은 노력들이 완벽함을 만들어 줄 거야. 그리고 그 완벽함은 작은 일이 아니라 위대한 일이라는 거 알지?

요즘 너를 보면 얼굴 표정이 전보다 훨씬 좋아졌어. 너는 네가 해야 할 만큼 하지 않았다고 생각하며 자신에게 실망할지 모르지만 너는 시간을 전보다도 수만 배 가치 있게 보내기 때문에 네 잠재의식은 잘하고 있다는 것을 알 거야. 그런 너의 모습이 자신감 있고 멋져 보여. 너를 보면 엄마, 아빠는 정말 행복해.

항상 그렇게 신중하고, 배려하고 노력하며 멋지게 살자.

멋진 우리 딸, 사랑해. 파이팅!

2016년 4월 28일
노력으로 능력을 극복한 아빠가

고3인 딸이 공무원 시험에 떨어졌다

세상에 공짜는 없다.

　고3인 딸이 처음 공무원 시험을 보고 나서 자신감이 많이 떨어졌다. 공부는 열심히 하는데 성적이 안 올라서 걱정한다. 딸이 공무원 시험에 합격하려면 최소 5년을 해야 한다고 생각했다. 그러려면 가장 중요한 것이 끈기라고 생각하고 딸이 끝까지 포기하지 않기를 바라며 용기를 가지라고 편지를 썼는데 내 편지에 다시 용기를 얻었다고 했다. 명중이다.

사랑하는 우리 딸 현지야.

걱정 많이 하고 있구나? 힘들어서 어쩌지? 아빠는 그런다? **'까짓 거 세상 뭐 있어?'**라고.

힘들 때나 결과가 바라는 만큼 나오지 않을 때마다 속으로 주문을 외워. 너도 그렇게 해 봐. 속이 시원해지더라. 사람은 대부분 자신의 노력에 비해 결과가 안 좋다고 생각해. 아빠도 그럴 때마다 한심하고 슬펐어. 그래도 포기하지 않고 끝까지 다시 했지.

임계점이란 거 알지?

물도 99도까지는 안 끓다가 마지막 1도를 더해 100도가 돼야 비로소 끓게 돼. 아빠는 원하는 결과가 안 나오면 아직 그 1도가 부족하다고 생각했어. 언젠가는 그 임계점을 극복해 버리겠다고 다짐하지. 다른 사람이 1년에 하면 나는 최소 3년을 하겠다고 다짐하면 위안이 되더라. 그리고 아빠는 그 말을 지켜내기 위해 수백 배 더 노력했어. 그랬더니 사람들이 인정해주더라. 그런 태도 때문에 다른 사람들이 아빠를 비웃거나 무시하지 못했던 것 같아. 그 느낌 알지?

대부분의 사람들이 실패하는 것은 그것이 불가능한 일이거나 감당하기 힘들어서가 아니라 성공하기 직전에 '포기'해 버리기 때문이지. 진짜 확실한 실패는 포기야.

세상에 공짜는 없다고 했어.

네가 하는 일이 힘들다는 것은 그 일이 엄청난 가치가 있다는 말이야. 한 번 생각해 봐. 네가 얻고자 하는 것이 얼마나 소중하고 가치 있는지를.

그것을 인정한다면 그 가치에 맞게 노력해야 하지 않을까? "공부는 열심히 하는데 성적이 안 좋아서 안타깝다"라는 **친구들의 말, 무시해 버려.** 너는 이제 겨우 19살이야. 네 친구들 중에 너처럼 도전한 사람이 누가 있니? **아무도 못하는 그 도전을 오직 너니까 한 거야.** 먼저 도전한 너를 친구들이 겉으로는 비웃을지 몰라도 속으로 부러워할 수도 있어. 이번 실패의 경험에 슬퍼하기보다는 내가 시련을 견딜 '**마음의 근육, 정신적 근육**'을 키울 기회라고 생각해 버려. 특별한 상황에 특별한 보물이 있다고 했어. 그 상황을 고통으로 보는 사람과 보물로 보는 사람은 천지차이가 나. 실패한 사람은 누구보다 빨리 배우고 많이 배운대. 일의 가치에 맞게, 아니 그보다도 더 열심히 하겠다고 생각하면 불안하지 않을 거야.

더 많이 혼자이고 더 많이 외로워하며 더 강해지면 돼.

아빠는 빠르지는 않지만 절대로 포기하지 않아. 다른 사람처럼 몸도, 머리도 좋은 게 아냐. 단지 내가 할 수 있는 유일한 것이 끝까지 하는 것뿐이었어. 나의 부족한 능력이 게으름과 귀찮음을 이겨낼 수 있게 했고 포기하지 못하도록 만들어준 것 같아. 그랬더니 대부분 되더라? 알지?

아빠는 어느 순간 '**실패는 하더라도 포기는 하지 말자. 포기하**

는 나를 절대로 용서하지 않겠다'라고 마음먹었어. 너와 나, 우리는 어떤 일이건 절대 포기는 하지 말고 살자. 포기하면 100% 지는 거지만 포기하지 않으면 절대 진 게 아니니까.

그래도 고마워. 세상 아빠들 중에 자기 아이들에게 "아빠가 좋다. 멋지다. 대단하다. 자랑스럽다. 존경한다"라는 말을 듣고 사는 사람이 과연 얼마나 있을까?

나는 바로 그 '과연'이라는 행운을 잡은 세상에서 가장 행복한 사람이야. 아빠의 별명 '이천운', '이행복'.

사랑해. 우리 딸.

2016년 5월 2일
포기할 줄 모르는 아빠가

고3인 딸과의
3시간 동안의 대화

가족에게 인정받는 것이 가장 행복한 일이다.

기숙사 생활을 하다가 오랜만에 집에 온 딸이 친구들이나 선생님과 대화를 자주 하는데도 앞날이 불안하다고 했다. 자신의 고민에 대해 질문을 많이 해서 인생 선배 입장에서 얘기를 해 주었더니 너무나 좋아했다.

우리 딸은 나에게 질문을 많이 한다.

어젯밤에도 3시간 동안이나 자신의 걱정과 가족의 미래 등 많은 대화를 했다. 나의 의견을 얘기해 주면 거의 100% "아빠 말이 맞네?"라고 했다. 대화가 진행될수록 딸은 "대단해. 대단해. 아빠는 정말 대단해"라는 말을 10번도 더 해 주었다.

사랑하는 가족, 착하고 열심히 살아가는 딸, 고3이면서도 한 번도 불평하지 않은 딸에게 그런 말을 듣는다는 것은 정말 행운이다. 나는 천운을 타고 났다. 또 다른 내 이름 '이천운'.

딸은 자기가 불안한 것 중 하나가 지금까지 어려움을 겪어보지 못한 것이라고 했다.

'행복 총량 법칙.'

평생 동안 행복과 불행의 양이 정해져 있다는데 자기는 지금까지 행복했으니까 앞으로는 불행하지 않을까 걱정된다고 했다. 아빠는 젊었을 때 어려움을 많이 겪었기 때문에 지금 행복하게 사는 것 같다고 했다. 딸의 불안감을 없애 주기 위해 나의 생각을 얘기해 주었다.

"많은 사람들이 그렇게 생각할 수도 있지. 그러나 행복 총량의 법칙은 지금 고통 받고 있는 사람들에게 조금만 참으면 좋은 일 있을 거라고 용기와 희망을 주기 위해 하는 말 아닐까? 그리고 지금 행복해하는 사람들에게는 겸손하지 않고 노력하지 않으면 앞으로 불행해질 수 있으니까 조심하라고 하는 말일 거야. 그러니까 지금 행복하더라도 계속 겸손하고 노력하면 불행하지 않고 언제까지나 행복하게 살 수 있지 않을까?"라고 말해 주었더니 "정말 그러네?"라며 좋아했다.

친한 친구가 현지의 행동을 보고 실망했다고 했을 때 슬펐고, 그 친구가 자신을 싫어할까 봐 걱정된다고 했다.

사람들은 관점이 다르고 그 친구는 너를 배려하는 마음이 부족한 거라며 실망하지 말라고 했다. 다음에 그 친구에게 이런 일이 있었다고 조심스럽게 얘기하고 "앞으로 10년이나 20년, 30년 후에도 너와 나의 생각이 오늘과 똑같을지 한 번 얘기해 보자"라고 친구에게 얘기하라고 했다. 그러면 그 친구는 그때 자기가 한 말에 대해 더 깊이 생각하게 될 것이고 자신의 생각만이 옳은 것이 아니라는 것을 깨닫게 될 것이며 신중하지 못하고 배려심이 부족해서 너에게 상처를 주었다는 것을 알고 미안한 마음을 갖게 될 것이라고 했다.

현지는 매 순간 "그렇겠다"를 반복하면서 답답했던 가슴이 뚫리고 머리가 깨끗해지는 기분이라고 했다.

"아, 아빠 말이 맞네? 대단해. 아빠는 완벽한 거 같아. 아빠의 단점은 뭐야? 아빠는 행복을 만들어 가는 것 같아."

세상에 어떤 아빠가 딸에게 이런 감격스러운 말을 듣고 살까? 가슴이 벅찼다.

3시간 넘도록 진지하게 얘기를 하고도 뭔가를 더 물어보고 싶어 하는, 뭔가를 더 얻어내기 위해 생각하는 듯한 그런 눈빛을 보는 아빠는 얼마나 행복할까? 날을 새우면서 얘기하고 싶었지만 내일을 위해 중단했다.

   19살 딸과 진지한 대화 시간. 정말 행복한 시간이었다.

   딸의 말처럼 우리 가정은 정말 행복하다. 항상 뭔가를 배우면서 성숙해 가는 엄마를 자랑스러워하고, 아직 실천력이 부족하지만 열심히 살아야 한다는 것을 알고 있는 아이들.

   앞으로도 이런 날들이 계속되었으면 한다.

   사랑하는 우리 가족, 아내와 아들딸에게 감사한다.

                        2016년 8월 19일

네가 실력이 없다는 것을 아빠도 알았어

위기는 기회다.

공무원 시험을 준비하는 딸이 학원 선생님으로부터 실력이
없다는 말을 듣고 절망에 빠져 펑펑 울었다. 이제라도 그것을
안 것이 오히려 다행이라는 생각을 하면서도 딸이 용기를 잃고
포기하지 않을까 걱정하며 이 위기를 잘 극복하도록 위로해주
었다.

사랑하는 우리 딸 현지야!

너무나 슬프겠구나. 얼마나 힘드니?

네가 19년 동안 살아오면서 이렇게 운 적이 한 번도 없었는데 갑자기 서럽게 울어서 너무나 걱정됐어.

더 슬퍼하고 더 힘들어해라.

세상에는 수많은 장애물이 있다는 거 알지? 낙관적인 사람은 고난에서 기회를 보고 비관적인 사람은 기회에서 고난을 본대. 너는 낙관적인 사람이기 때문에 잘할 수 있어. 이번 장애물은 지금까지 몰랐던 것을 알았을 뿐이야. 아빠도 네 실력이 부족하다고 느끼며 걱정했지만 네가 실망할까 봐 말 못 했던 거야. 지금이라도 알게 되어 다행이라고 생각하자.

현지야, 아빠는 공부할 때 **"이번에 떨어지면 죽어야 한다"**라는 각오로 매일 졸도를 하며 다짐했었어. 하루에도 몇 번씩 코피를 흘리며 공부했고 밥 먹으면서도 화장실에서도 걸어 다니면서도 버스 안에서도 공부했어. 모르는 문제를 메모지에 적어서 창피를 무릅쓰고 학원생들에게 물어보며 배웠어. 그러면서도 떨어질까 두려웠지. 목숨을 걸고 했기 때문에 주변 시선이나 체면은 아무것도 아니었어. 마지못해 하는 공부와 죽기 살기로 하는 공부가 천지차이가 나는 것은 당연하겠지?

네가 어떤 상황에 있을지라도 엄마, 아빠는 너의 편이란 거 알지? 네가 눈물을 펑펑 흘리며 하소연했을 때, 처음에는 너무나 걱정됐어. 그런데 아빠 얘기를 듣고 네 마음이 변해가는 것을 느끼면서 너무나 기분 좋았어.

현지 너는 할 수 있어.

한 번 더, 한 번 더, 끝까지 한 번 더.
끝날 때까지 절대로 끝난 것이 아니다.

아빠가 어려울 때마다 외웠던 주문이야.

사람은 감사와 불행을 동시에 느낄 수 없대. 감사하는 마음을 갖고 행복해하는 것이 슬픈 마음을 없애는 가장 좋은 방법이라고 했어. 아빠는 힘들 때 부정적인 감정을 긍정적으로 바꿔줄 말들을 자신에게 해주었어. '이 또한 지나가리라', '이것에서 더 많은 것을 얻게 되리라', '내 인생에서 최고로 멋진 추억이 되리라', '나를 더 멋지게 만들어 주리라'라고 말하면 기분이 훨씬 좋아지더라. 지금의 슬픔은 너의 진가를 드러낼 수 있는 기회가 될 거야. 그 충격을 '반드시 합격해야 한다는 에너지'로 바꿔 버려.

현지야, 너는 어제 엄청나게 좋은 정보를 얻은 거고, 그 정보는 지금 하는 일이 얼마나 소중한가를 깨달으라고 나타난 거야. 이것은 '위기가 아니라 기회다'라고 생각하면 좋지 않을까? 네가 겁먹고 포기하면 완벽한 실패지만 '몰랐던 정보를 새롭게 알게 된 기회'라고 생각하고 대비하면 다른 사람보다도 훨씬 훌륭한 대안을 찾을 수 있을 거야.

최고의 목표를 세우면 최고의 것이 일어나지만, 최고의 목표를 세우지 않으면 절대로 최고를 달성할 수 없다는 것. 최악을 생각하면 최악이 일어난다는 거 알지? 최고 목표를 세우고 세포를 움직여서 무한한 잠재력을 끌어내라. 잠재 능력은 네가 생각한 대로 될 거야. 생각만 바꾼다면 오늘은 언제나 어제와 다른 새로운 오늘이 될 거야. 날마다 힘내라.

사랑해. 우리 딸.

2016년 12월 19일
영원한 너의 후원자인 아빠, 엄마가

고등학생 아들을 때렸다

준비에 실패하면 실패를 준비하는 것이나 같다.

아들이 시험 원서를 접수하지 않은 게 화가 나서 때렸다. 원서를 접수하지 않은 것도 화가 났지만 몇 번 준비하라고 했는데도 안 한 것이 더 화났다. 준비가 중요하다는 것을 알려 주고 때린 것에 대해 사과했다.

석현아, 때려서 미안해. 많이 무섭고 아팠지?

너를 때리는 순간 나도 너무나도 겁났어.

초등학교 때 마지막으로 너를 때리고는 앞으로는 절대로 안 때리겠다고 마음먹었는데 그것을 못 지켰네? 너도 인격이 있고, 책임감이 있는 사람이기 때문에 스스로 잘할 거라 믿은 것에 대한 배신감도 있었지만, 믿었던 나에 대한 실망감과 나를 더 때리고 싶은 마음이 컸어. 앞으로는 절대로 때리지 않겠다고 약속할게.

준비에 실패하면 실패를 준비하는 것이나 같다고 했어. 예상되는 모든 장애에 완벽하게 준비하는 것도 어렵지만, 완벽하게 준비한다고 하더라도 잊어버리거나 실수해서 실패하는 경우도 많아. 세상은 좋게 보면 한없이 좋고 행복한 곳이지만 어떤 일을 하려고 할 때는 힘든 것, 어려운 것이 많다고 느낄 거야. 세상 모든 것이 쉬워지기 전에는 항상 어렵고 힘들어. 그렇기 때문에 계속해서 다시 하는 거야. 힘들고 어려운 것이 있는 것이 아니라 힘들고 어렵다고 생각하는 사람이 있을 뿐이야. 생각을 바꾸면 아무것도 아닌 것이 되지. 용기를 내 봐.

아무리 많은 실패가 있더라도 그것을 즐기며 더 많이 시도하고 노력하면 반드시 성공하게 되어 있어.

아빠는 다른 사람들보다도 훨씬 더 노력하면서 살았어. 항상 두려웠지만, **'목숨을 걸면 안 되는 것이 없다'**라는 마음으로 시도하고 수없이 많이 실패했어. 그래도 포기하지 않고 또 다시 했어. 그래서 지금 우리 가족이 너희가 말한 것처럼 행복하게 살고 있다고 생각해.

너도 어떤 일이건 그렇게 하려무나. 엄마, 아빠는 항상 너의 편이야. 어제 일은 네가 더 커 가기 위한 아주 소중한 과정이야. 더 큰 목표를 세우고 더 많은 노력을 할 수 있는 디딤돌이 될 거야. 이번 일로 우리는 많은 것을 얻었다고 생각해. 우리 가족은 서로를 미워하는 것이 아니라 사랑하고, 잘하려고 하고, 더 잘해 주지 못한 것에 대해 항상 미안한 마음을 가지고 있다는 거야.

아빠도 나의 인생관을 다시 생각해 볼 수 있는 계기가 되었어. 너도 새로운 각오를 하게 되었고.

마음은 항상 게을러지려고 하기 때문에 몸처럼 관리해야 해. 오히려 **'마음 관리'**를 더 잘해야 하는 거 알지?

다시 한 번 미안하고, 다시 한 번 약속할게.

2017년 1월 11일

우리 가족을 사랑하는 아빠가

사느냐 죽느냐,
이것이 문제로다

절대긍정이 기적을 만든다.
아이들에게 동기 부여를 해 줄 것이 없어 고민이다.

딸은 수능이 끝나자마자 대학 원서도 쓰지 않고 공무원 시험을 보겠다며 서울로 올라갔고, 아들도 대학에 가지 않고 고등학교를 졸업하고 취업하겠다고 했다. 어떻게 하는 것이 좋은 아빠이고 훌륭한 아빠일까를 항상 고민했었는데 지금까지는 아이들이 잘 자라 줬다. 대학에 가지 않는 아이들에게 무슨 말을 해줘야 할지 많은 생각을 했다. 공자 왈 맹자 왈 하는 것보다는 내가 살아왔던 얘기를 해 주는 것도 괜찮을 것 같았다.

51살의 나, 이영주.

내가 살아온 것을 보면 나도 내가 재미있는 놈이야.

어렸을 때 죽을 고비를 여러 번 넘겼어. 부모님 고생 엄청나게 시켰다는 얘기지.

몸이 약해서 남들 아픈 것은 전부 다 아프면서 살았고 교통사고로 죽을 뻔했다가 몇 달 만에 살아난 나.

그렇게 아프면서도 남에게 절대로 지기 싫어했던 나.

돈키호테 같은 무모한 정의감을 가졌었던 나. 아마 잃을 것이 없어서 그랬을 거야.

아픈 아들을 돈이 없어 병원에도 못 데리고 가는 어머니께 "엄마, 의사 선생님께서 내일 병원 오라고 한 날이지?"라며 어머니 가슴에 대못을 박으면서까지도 생존 본능이 강했던 나.

고등학교 때까지 성격이 너무 까다로워 진정으로 친구라고 생각하는 사람이 아니면 마음을 주지 못했던 나.

병을 치료하기 위해 집에 있을 때 학창시절 친했던 그나마 몇 안 되는 친구들에게 배신감을 느끼고는, '이건 뭔가 잘못됐다'라고 생각했어.

"친구는 진정으로 친한 사람 한두 명만 있으면 된다"라는 선생님의 말대로 가려 사귄 결과 나는 외톨이가 되어 있었던 거야. 쉽게 말해 '스스로 왕따'가 된 거지. 왕따가 된 기분 알지? 외로움 덕분에 많은 고민을 하고 나서 친구에 대한 생각을 재정의했어.

"친한 사람만이 친구가 아니라 내가 아는 사람은 모두가 친구다. 그 사람들이 나를 친구로 생각하지 않더라도 나는 친구로 생각하겠다. 앞으로 남녀노소 불문하고 모든 사람에게 내가 할 수 있는 한 최선을 다하겠다. 그리고 절대로 바라지 않겠다"라고 마음먹었지.

그동안은 내가 해 준 만큼 다른 사람들이 해 주기를 바랐기 때문에 배신감을 느꼈고 친구가 없었던 거야. 그렇게 생각을 바꾸니까 정말 행복하더라? 기대만 하지 않아도 그렇게 행복해질 수 있다는 것을 깨달았어.

이렇게 나는 다시 태어난 거야.

역경이 사람을 성장시킨다.

'이 세상의 중심은 나다. 내가 모든 것을 책임지겠다. 나보다 어린 사람들은 어리니까 내가 책임지고, 나보다 나이 많이 먹은 사람들은 늙었으니까 내가 책임져야 한다. 어떤 것도 해내야 하는 나가 돼야 한다'라고 생각하고 그렇게 되기 위해 피나는 노력을 했어.

고등학교 졸업하고 집에서 병을 치료하고 있을 때 형님 권유로 공무원 시험을 준비하게 되었어. 어쩌면 아무것도 하지 않고 집에만 있는 그 외로움의 고통으로부터 탈출하고 싶은 마음이 더 컸을 거야. 1년간 책을 놓아 버린 상태에서 공부를 다시 시작했는데 거의 대부분 잊어버려서 기억나지 않았어. 학원에 제일 먼저 가서 제일 앞자리에 앉아서 수업시간에 내가 이해가 돼야만 진도가 나갔어. 너무나 간절했기 때문에 많은 학원생들의 원성을 무시할 수 있었던 거야. 간절함의 힘이지.

용돈과 음식을 가지러 시골집에 갔을 때, 짐을 가지고 혼자 가겠다고 몇 번을 말씀드려도 따라오시면서 동네 언덕까지 와서야 몸뻬 속주머니에서 꼬깃꼬깃 구겨진 돈 1만 5천 원을 내 손에 꼭 쥐어 주시며

"영주야 미안허다. 이참에는 이놈배끼 준비 못 했다. 일하러 오라는 디가 없드라"라고 하며 **눈물을 글썽이시는 어머니.**

나는 심장이 터지는 것 같았어. 어려서는 아파서 그렇게 힘들게 했는데 이제는….

영암에서 광주 자취방까지 완행버스와 시내버스를 타고 가는 시간이 2시간 이상 걸리는데 나는 그 시간 동안 **피눈물을 삼키며 다짐**했어.

'이번에 떨어지면 나는 죽어야 한다.'

우리가 2주 동안 생활하려면 최소 3만 원 정도 필요했지. 시내 버스비와 약간의 반찬을 살 수 있는 돈이야.

당시 어머니가 하루 일하고 받는 돈은 3천 원. 어머니는 2주 동안 5일밖에 품팔이를 못 하셨다는 거야. 자식들에게 돈을 줘야 하는데 못 해 주는 어머니의 안타까운 마음을 충분히 느낄 수 있

었지.

'부모님을 이렇게 힘들게 하면서까지 내가 공부하는데 이번에 떨어지면 또 1년을 어머니 가슴에 대못을 박는 불효자식이 된다' 라고 생각하고 하루에도 몇 번씩 코피를 흘려 가면서 목숨 걸고 공부를 했어.

아침에 조깅하고 형이 밥을 준비할 때 나는 옥상에서 근력운동을 하고 단전호흡을 했어. 숨 쉬는 것을 2분 이상 참으면 졸도를 하더라? 죽을 각오로 참지 않으면 안 돼. 최근에 해 봤는데 절대로 안 되더라. 죽어도 좋다는 각오로 매일 아침마다 졸도하면서 다짐했지.

나는 어렸을 때 체구도 작고, 항상 아파서 친구들이 얕잡아 봤어. 그러면 싸웠고 대부분 내가 이겼어. 왜냐하면 나는 목숨을 걸고 싸웠기 때문이야.

'**최선을 다하겠다는 말은 책임을 회피하기 위한 말이다. 목숨을 걸어야 진짜로 최선을 다한다**'라고 생각했고 나는 그렇게 행동했어. 최선을 다하겠다는 말을 들을 때면 '빠져나갈 핑계를 대는구먼?'이라고 생각했어. 최선을 다했다는 말은 자신의 노력이 자신을 감동시켰을 때 쓸 수 있는 말이야.

시험까지 80일 남았는데 1년 넘게 쉬는 동안 거의 다 잊어버렸더라? 학원의 다른 사람들은 정말로 잘하는데 나는 너무 형편없는 거야. 포기할까도 생각했지만, 어머니를 생각하고, 내가 할 수 있는 것을 생각해 보니 절대로 포기할 수가 없었어. 계획을 내 방식대로 완벽하게 세웠어. 밥 먹고 화장실 가고 운동하고 버스 타는 모든 자투리 시간에 영어 단어와 그날 배운 것을 핸드북에 메모해서 당일 완전히 기억하겠다고 각오하고 했더니 되더라? 잠자기 전에 그날 요점 정리한 것을 다시 읽고 자면 꿈속에서도 공부했어. 집에서는 영어 3시간, 수학 5시간 이상 하고 암기과목은 토요일과 일요일에 1과목씩 독파했더니 그 방법이 효과가 더 좋았어. 모르는 것은 어떤 수단과 방법을 가리지 않고 그날 알아내고 기억해야 했어. 그렇게 눈 깜빡이는 시간도 아까워하며 공부했는데도 내 실력이 너무 부족하더라. 군대도 안 갔다 와서 가점도 하나도 없어서 당연히 떨어졌을 거라 생각하고 합격자 명단을 봤는데….

[이영주 합격]

내 이름이 있는 거야. 머리는 좋지 않지만 목숨 걸고 공부했기 때문에 불가능할 거라고 생각했던 공무원 시험을 한 번에 합격한 거야. 내 이름을 보는 순간 기쁘기보다는 정말로 놀라웠어. 기적 같더라.

내 나이 22살, 1988년도에 공무원 생활을 시작했어. 신세계에 들어간 거야. 엄청난 부자가 되었지.

노동 강도에 비해 돈을 정말 많이 주더라. 당시 내가 하루 품팔이를 하면 5천 원, 하루도 쉬지 않고 1달 하면 15만 원 받는데 공무원을 하니까 월급을 거의 25만 원 주는 거야. 게다가 공휴일과 일요일은 쉬고, 토요일도 오전만 했기 때문에 시골에서 새벽에 시작해서 해가 져야 끝나는 일에 비해, 시간적으로나 노동 강도 면에서나 훨씬 쉬웠어. 시골에서는 추운 겨울에 움직이기도 어려울 정도로 옷을 여러 개 겹쳐 입고, 털모자 쓰고 장화를 신고 장갑을 두세 켤레 겹쳐 끼고 눈밭에서 일을 하거든? 허허벌판에서 칼날 같은 찬바람이 씽씽 불 때 일하는 것은 정말 힘들어. 콧물이 떨어지면서 고드름이 되는 경우도 있고, 귀가 얼고 발이 동상에 걸릴 때도 있어. 황토밭에 눈이 녹으면 찌럭찌럭한 황토가 장화에 붙어 무거워서 걷기도 힘들어. 이거에 비하면 따뜻한 사무실에서 일하는 것은 일이 아니고 노는 거 같았어. 내가 어떻게 이런 공무원이 되었는지 좋아 죽겠더라.

당시 부모님은 약 1천 평 정도의 농사를 짓고 계셨는데, 부모님의 일 년 순소득과 비교했을 때 나는 하나도 투자하지 않고 2배 이상을 받는 거야. 우리 집에서는 아버지, 어머니는 물론 온 가족이 아주 힘들게 일해야 겨우 150만 원을 버는데 나는 혼자서 연봉이 300만 원 정도 됐어. 갑자기 엄청난 부자가 된 느낌이었어. 상상이 되니? 게다가 매년 월급이 15% 정도 올랐어.

3년 정도 지나서야 나는 진정한 '공무원'이 되었어.

9시 출근해서 18시에 퇴근하는 공무원이 국민에 대한 봉사자라는 말에 그전까지만 해도 동의하지 않았어. 하고 싶어서 하는 것이 아니라 돈을 벌기 위해서 어쩔 수 없이 하는 노동자였지. 그런데 월급을 받기 때문에 했던 일을 사람들이 **"고맙습니다"**라고 말해 줄 때 왠지 쑥스러우면서도 기분이 좋더라. 당연히 해야 할 일을 했는데도 사람들은 고마워한다는 것을 알고는 **'이것이 진정한 국민에 대한 봉사자인 공무원이구나'**라고 생각하게 됐어. 내가 조금만 열심히 하면 많은 사람에게 도움을 줄 수 있고 돈이 없어 병원에 가지 못하고 죽어가는 사람을 살릴 수도 있는 것이 공무원이었어.

노동자라고 생각했을 때는 18시가 넘으면 화나고 손해 본다고 생각했는데, 국민에 대한 봉사자라고 생각하면서 나는 사무실에 제일 먼저 출근하고 제일 늦게 퇴근하면서도 화나거나 기분 나쁘지 않았어. 나의 노동의 가치는 엄청나게 커졌고, 그에 따라 성과도 몇십 배 증가했어. 생각만 바꿨는데 그 가치가 엄청나게 커지고 행복한 거야. **'돈보다 성취감'**이 훨씬 더 컸어.

새로운 기획을 하면서 나는 '창조자'가 되었어.

공무원은 어떤 기획을 하느냐에 따라 모든 국민에게 도움을 줄 수 있고, 국가를 발전시킬 수도 있으며, 우리나라 지도도 바꿀 수 있다는 것을 알았어. 공무원은 새로운 세상을 만들 수 있는 **'창조자'**라고 생각되더라. 그러면서 나는 남들이 하지 않은 뭔가를 더 하고 싶었어.

'노동 대가를 받는 노동자에서 국민에 대한 봉사자인 공무원으로, 세상을 바꾸는 창조자로.'

나의 시간의 가치는 수십 배에서 수만 배로 커졌어.

내가 1시간 더 일해서 5천만 국민에게 1시간의 이익을 줄 수 있다면 그 가치는 5천만 시간의 가치가 있는 거야. 1시간에 1만 원이면, '5천만 인구×1만 원=5천억 원'이야. 나의 1시간은 5천억 원의 가치가 있다고 생각했어. 과장이 너무 심했니? 개똥철학이지만….

아무도 알아주지 않지만, 나는 그때부터 세상 최고의 부자가 되었어. 이런 기분이었기 때문에 나는 내가 하는 일이 아무리 어렵고 많아도 힘들다거나 그만두고 싶다는 생각을 단 한 번도 해 본적 없었어. 월급을 받기 위해 일할 때와 많은 사람을 도와주고 새로운 세상을 만들겠다고 생각하며 일할 때는 천지차이가 나더라. 돈을 벌기 위해 일할 때는 일이란 힘든 것, 하기 싫은 것으로 생각됐는데, 국민을 위한 봉사자요, 세상을 바꾸는 창조자라고 생각하니까 일이란 즐거운 것, 하고 싶은 것이 되는 거야. 야근은 노동이 아니라 내가 일을 가지고 노는 거였어. 이 정도면 **내가 원해서 한 것이 아니라 생존을 위해 어쩔 수 없이 시작한 공무원이 나의 천직**이 된 거 맞지? 게다가 내가 능력이 있어서 공무원이 된 것이 아니라 공무원이란 직업이 나의 능력을 엄청나게 발전시켜 준 거야.

이렇게 나는 '새로운 나', '행복한 나'로 다시 태어났어.

'1998년 10월 1일 인사발령, 재무과 지방행정주사보 이영주 총무과 대기.'

세상에는 좋은 일만 있는 것이 아니더라.

공직 10년 만에 나에게 엄청난 위기가 찾아왔어.

1997년 IMF는 우리에게 많은 변화를 주었지. 국가 경제에도 엄청난 충격이었지만, 공직사회에도 처음이자 마지막으로 구조조정이 있었어. 인원감축을 해야 하는데 징계받은 사람, 불친절한 사람, 사생활이 문란한 사람 등 해고해야 할 대상들에 대한 소문이 많았어. 나는 10년 동안 한 번도 징계를 받은 적이 없고, 나름대로 다른 사람보다 친절하고 스스로가 불편할 만큼 도덕주의자였던 터라 절대로 해당되지 않는다고 생각했어. 완전히 나만의 착각이었지.

1998년 10월 청내방송으로 인사발령자를 발표할 때 내가 있을 거라고는 전혀 생각하지 않고 방송을 듣고 있는데 많은 사람들 이름이 나오고 중간에 전혀 상상도 못 했던 내 이름이 나오는 거야. 그 소리를 들었을 때 기절할 뻔했어. 아니, 기절한 거나 같았어. 지금까지 느껴 보지 못한 엄청난 충격이었지. 어렸을 때 많이 아파서 죽을 고비를 여러 번 넘겼지만, 그것은 아무것도 아니더라. 머릿속이 하얗게 되면서 몸속의 모든 피가 머리로 쏠렸어. 그 다음부터는 아무 소리도 들리지 않았고 아무것도 보이지 않았고, 아무 생각도 나지 않았어. 고개도 들 수 없었고 사무실 동료들이 무슨 일 있느냐고 물었을 때도 아무 말 못하고 그저 멍하니 앉아 있는 것밖에는 아무것도 못 하겠더라.

왜 내 이름이 있었는지 상상할 수가 없었어. 1시간쯤 지나 이유라도 알고 싶어서 인사부서로 갔어. 나는 이미 시체가 되어 화를 낼 수조차 없더라. 담당자가 내 얼굴을 보자마자 어쩔 줄 몰라 하며 미안하다고 하더라. 이것은 사람을 죽이려다 죽을 만큼 심한 상처를 주고는 겨우 살아 있는 사람에게 미안하다고 하는 것이나 같게 들렸어. 이유를 듣고 나서는 더 미칠 것 같았어. 꾹 참았지만 하마터면 사무실을 다 부술 뻔했지. 그 이유가 7급 중에서 4명을 대기시켜야 하는데 기준에 해당하는 사람이 3명밖에 없었대. 한 명을 더 해야 해서 어쩔 수 없이 나이가 제일 어린 나를 택했다는 거야. 이유를 듣고 나니 더 분하고 억울하고 죽고 싶었어. 지금 생각하면 한 번쯤 난동을 부릴걸 하는 생각도 들더라. 너 같으면 어떻게 했겠니?

지금까지 입사 성적도 좋았고, 다른 사람보다 훨씬 더 바른 생활을 하면서 열심히 일했고 잘한다는 칭찬만 들었던 나로서는 도저히 이해할 수 없었어.

지금 같았으면 군수님을 찾아뵙고 억울하다고, 살려달라고 말씀드렸을 텐데 그때는 이미 그 상황 자체가 나를 죽이려는 것처럼 너무 두렵게 만들어 버린 후였기 때문에 아무것도 할 수가 없더라.

'사느냐 죽느냐, 이것이 문제로다.'
사는 것을 선택했기 때문에 이렇게 글을 쓰겠지?
숨쉬기도 어려운 순간에 2가지 결정을 해야 했어.
대기발령은 쉽게 말해 그만두라는 말인데….
첫째, 그만둘 것인가 말 것인가를 결정해야 했어.
제일 친한 형님께 물어보았지.
"끝까지 버텨라. 왜냐하면, 네가 지금 그만두고 나가서 이보다 더 월급을 많이 받고 편하게 할 수 있는 직장을 절대로 들어갈 수 없다. 또 네가 앞으로 승진을 하지 못하고 7급으로 정년을 하더라도 아이들을 대학까지 모두 보낼 수 있고, 결혼도 시킬 수 있다. 쪽팔림은 한순간이다"라고 말씀하시더라. 다른 능력이 아무것도 없는 나에게 정말로 현실적이고 명쾌한 답이었지.

한 가지는 결정했어. **'여기서 죽이려 해도 버티겠지만, 나 스스로는 절대로 죽지 않겠다'라고.**

또 한 가지는, 지금 이렇게 된 것은 내가 살아온 방식이 뭔가 잘못됐다는 거였어. 그것을 찾고 고쳐야 했지.

"이영주, 너는 어떤 사람인가? 정직, 솔직, 정의, 유머, 성실, 책임, 완벽주의, 합리적, 긍정적인 사람… 모두 좋은 말인데 도대체 무엇이 잘못되었을까?"

당시 나는 잃을 것이 없어서 자유분방하게 생활했었지. 공직사회는 부정부패와 비리, 관료주의가 강했어. 완벽주의자에 부탁하기 싫어하고, 나름 정의감이 강해서 옳지 않은 일을 보면 참지 못했어. 아니, 참지 않았지. 10여 년간 선배님들에게 바른말과 따지기를 많이 했던 거야. 내가 지금 생각해 봐도 싸가지가 없는 놈이었어. 나는 정의라고 생각했지만 그것은 정의가 아니라 무식하고 건방진 거였어. **'맞는 말 하면 맞는다'**라는 말 아니? 가만 생각해 보니 동료나 후배들 보기에는 좋은 것 같은데 나에게 당했던 사람들은 기분 나빴을 일들이 참 많았어. 자기가 아무리 잘못했을지라도 나를 좋은 사람이라고 생각하지 않았을 거야. 오히려 매우 기분 나빠하며 사람들에게 나를 나쁘게 말했어. "그 새끼 싸가지 없어"라고. 이유는 말하지 않고 내 얘기만 나오면 나를 비방하는 거야. 게다가 "언젠가는 저 새끼 죽여 버릴 거야"라고 벼르면서 자기편들을 모으지. 이것이 사람이더라. 세상은 내가 생각하는 것과는 많이 다르다는 것을 새삼 알았어. 느낄 수 있지?

이번에도 큰 결정을 했어. '절대긍정.'

모든 것에 묻지도 따지지도 않고 절대긍정을 하기로 했어. '공직 생활 10년 동안 똑똑한 놈, 싸가지 없는 놈이라는 이미지를 심어 주었으니까 앞으로는 절대로 똑똑하지도 않고 모든 것에 절대긍정을 해서 이미지를 바꾸겠다'라고 마음먹었어. 그렇게 한다는 것이 얼마나 어려운지 알지? 마음먹는다고 된다면 얼마나 좋겠니? 이미 세포와 뇌, 근육과 뼈가 기억하고 있는 습관이 본능적으로 작동하게 되지. 죽을 각오로 하지 않으면 불가능해.

정말로 사랑했던 '나'를 버리는 것 같아 슬프더라. **다른 사람이 나를 부정하는 것보다 내가 나를 부정하는 것은 정말 참기 힘든 일**이었어. 매일 내가 최면을 건 또 다른 내가 출근했어. 마음은 싫다고 하고 틀리다고 하는 데도 절대긍정을 하는 생활을 시작했어.

목표는 20년….

내 특기 중 하나가 **'절대 포기하지 않는다'**인 거 알지?

이렇게 해서 또 다른 내가 새롭게 태어난 거야.

"기적은 일어나는 것이 아니라 만드는 것이더라."

어떤 부탁이나 지시를 받았을 때 이성과 감정이 싫고 틀리다며 '아니다'라고 저항하더라도 최면에 걸린 나는 1초도 머뭇거리지 않고 '예'라고 절대긍정을 해야 했어.

그런데…

기적이 일어나더라.

법과 원칙대로 했을 때는 정말 어렵게 해결되었던 것들이 절대 긍정을 하니까 80%는 쉽게 해결됐고 10%는 조금 더 노력하면 가능했어. 5%는 최선을 다하면 되는 거야. 나머지 5%는 안 되는 경우도 있었어. 그때는 어쩔 수 없이 **'정말 죄송합니다. 최선을 다했는데도 어렵네요'**라고 미안한 마음으로 솔직히 말씀을 드렸지. 그런데 **해결 못 해 준 사람들의 반응이 더 놀라웠어. 그 해결 못 해 준 5%가 해결해 준 95%보다도 더 크게 감동하는 거야.** 처음에는 이해 못 했는데 나중에 알겠더라? 자기도 어렵다는 것을 알면서 혹시나 하고 부탁했는데 자기 일처럼 최선을 다해 준 것이 정말로 감사하다고 하더라. **'정답이 아닌 명답'**을 만든 거였어. **해결 못 해 미안하다고 했던 5%의 사람들이 훨씬 감동**하며 나의 평생 단골, 영원한 내 편이 되어 사람들에게 칭찬하고 다니는 거야. 200%의 효과를 얻는 그 기분 알지? 이렇게 문제가 해결되는 것을 보고 나도 깜짝 놀랐어.

매일 잠들기 전에 최면에 걸려 생활하고 온 또 다른 나에게 **'하루 동안 절대긍정을 했는지'와 '어땠는지'**를 물었어. 다행히도 또 다른 나는 모든 것에 절대긍정을 했고, 절대긍정을 하는 순간에는 머리와 가슴이 엄청난 저항을 했지만, 하고 난 후에 일어나는 행운과 기적을 만나면서 **저항의 고통은 가슴 떨리는 감동과 행복으로 바뀌었다고 했어.** 절대긍정을 하며 내 잠재의식 속에 숨어 있던 잠재능력을 수백 배 끌어냈던 거야.

이것이 **'절대긍정'의 기적이야.**

내가 만든 내가 더 행복하더라.

처음에는 이상하다고 생각했지. 몇 번 계속하며 깨달았어. 가슴은 '아니다'라고 느끼는데 머리는 '예'라고 절대긍정을 하면 세포는 내가 한 말에 대한 책임감 때문에 해결하려고 노력한다는 것을 알았지. "아니오"라고 했을 때는 아닌 답을, "예"라고 했을 때는 '예'인 답을 찾기 위해 노력하고 있는 나 자신을 발견했고, 또 대부분 해결돼서 정말로 놀랐어. "아니오"라고 하는 순간 나의 인격과 행복 자산은 '제로(0)'가 아닌 '마이너스(-)'가 되고, 다른 사람도 기분 좋지 않았을 텐데, "예"라고 답했을 때의 행운과 기적, 성공과 행복은 언어로 표현할 수 없을 만큼 큰 감동을 주었어. 한 번의 성공은 또 다른 도전의 두려움을 없애 주고, 큰 디딤돌이 되었어. 몇 번을 하고 몇 년을 하면서 내 인생을 수만 배 가치 있게 만들어 주더라. 내 삶에서 가장 소중한 습관이 되어 나와 가족, 주변 사람들을 행복하게 해 주었어. **나는 그것을 깨달은 거야.**

내가 만든 나를 좋아하게 되더라.

5년이 지나면서 차츰 "예"라는 대답에 저항이 거의 없어졌지. 그때 나는 새로운 세상을 만나게 되었어. 나를 좋아할 것이라고 는 전혀 생각하지 않았던 사람들로부터 "영주 씨, 자네가 참 좋 네"라는 말을 들었을 때, 어색하기도 했지만 너무 기분 좋아서 내 가슴이 울더라. 억울하고 서럽고 한 맺힌 것들이 녹아내리는 것 같았어. 그래도 의심을 했어. '나 기분 좋으라고 하는 소리인지도 몰라'라고. 그런데 시간이 지나며 선배는 물론 친구와 동료들로 부터 나를 좋아한다고, 내가 사는 방식이 좋다는 말을 들었을 때 나는 새롭게 태어났어. 정말 이상하고 눈물 나게 감격스럽더라. 최면을 걸어 내보낸 내가 기존의 나보다도 더 많은 사람에게 칭 찬받고 더 많은 사람이 좋아하더라. **기분 나쁠 것 같은데도 이제 기존의 나는 내가 만든 나를 좋아하는 거야. 하고 싶은 대로 하 지 못했는데도 기분 나쁘다거나 불행하지 않고, 전략적으로 어쩔 수 없이 해야 할 일을 해도 행복했어. 오히려 그것이 더 나를 칭 찬받게 하면서 발전시켰더라.** 해야 할 일을 안 하거나 못 했을 때 자신에게 실망하는 그 기분 알지? **내가 하고 싶은 대로 하기보다 상대가 좋아하도록, 원하는 결과가 나오도록 하면 기대보다 훨씬 더 좋은 결과가 나오게 되고 그러면 내가 나를 더 좋아하게 되더 라.**

일이라고 쓰고 보물이라고 생각한다.

나는 공무원이고 참 행복한 사람이야. 공무원은 엄청난 보물이 고 이 세상은 천국이야.

공무원이라는 직업은 나에게 모든 것을 주었지.

건강도 어렸을 때보다도 지금이 좋고, 경제적인 것, 성장과 성취, 성공, 부인과 너희들, 좋은 사람들…. 내가 가진 모든 것을 준 거야. 고통은 당시에는 힘들었지만 지금은 모두 나의 소중한 추억이고 엄청난 자산이 되었어. 일은 나에게 고통이 아니라 최고의 보물이었어.

걱정이 있어. 내가 너무 행복해서 하나님이 부러워하지 않을까? 하는 걱정?

2017년 6월 13일

천국에서 살고 있는 천사가

현지 감상문

아빠, 이번 글은 재미있는 책을 한 권 읽는 것 같아.

아빠의 살아온 이야기를 많이 들어왔지만 이렇게 한 번에 써놓은 것을 읽으니 아빠가 살아온 지금 너무 좋은 결과를 얻게 되었고, 아무나 하지 못할 값진 역경을 많이 겪어온 것 같아서 딸로서 이런 아빠가 참 멋져.

나한테 그런 삶을 살겠느냐고 하면 절대 못 하겠지만 이런 대단한 사람이 나와 가장 가까운 사람이라는 것이 참 행복해.

그리고 아빠가 어려울 때, 결정적인 순간에 상담을 해 준 분들이 아빠가 보다 나은 선택을 하도록 해답을 준 것 같아 참 감사해.

만약 큰아빠가 아빠에게 공무원 시험 권유를 하지 않았다면, 신체검사에서 떨어질 뻔했을 때 아빠가 병원 자리를 지키지 않고 그냥 포기했더라면, 구조조정 때 친한 형님이 아빠에게 버티라는 말을 하지 않았더라면 지금 같은 아빠는 없었겠지?

물론 아빠는 생존력이 강하기 때문에 잘 살아왔겠지만 30년을 지금처럼 가치 있게 살지는 못했을 거야.

그리고 최선을 다해야 한다는 말, 목숨을 걸고 해야 한다는 그 말은 맞지만, 아빠같이 생각을 실천으로 옮길 수 있는 사람은 얼마 없을걸?

아빠처럼 생각하고 행동할 수 있었던 것은 이제까지 겪어온 고난과 역경 등 내가 지금으로서 도저히 경험할 수 없는 일들이 아빠를 그렇게 훌륭한 사람으로 만들었다고 생각해. 그래서 아쉽기도 하고 나 자신에게 약간은 실망스럽지만, **이런 아빠의 딸로서 내가 공무원 합격할 때까지 절대로 포기하지 않고 모든 걸 즐기면서 반드시 해낼게.**

아빠 사랑해.

2017년 6월 17일

아빠를 사랑하는 딸 이현지

— 현지는 자신의 말처럼 서울에서 혼자 힘들게 공부하면서도 한 번도 힘들다고 하지 않았고, 1년 후에 공무원에 당당히 합격했다.

석현 감상문

아빠!

아빠가 보내 주신 글을 보고 느낀 점은 글을 참 잘 쓰셨다는 거예요. 글을 읽을 때 흐름이란 게 있는데 그게 보는 사람 입장에서 불편한 점이 없었어요. 그리고 대단하다고 생각했어요. 그 이유는 아빠의 인생을 글로 표현했다는 것이 정말 멋졌기 때문이에요.

저도 자식을 낳으면 제가 살아오면서 겪었던 좋은 일, 힘든 일을 이렇게 글로 써서 보여 주고 싶어요.

아빠가 말로 한 이야기도 있었는데 이렇게 글로 쓴 것을 보니까 느낌이 완전히 다르네요.

그리고 제 친구가 본 책에 이런 글이 있었대요.

어떤 아이가 어른한테 "왜 행복한 일만 있을 순 없어요?"라고 물으니까 어른이 "행복하니까 행복한 일만 있을 순 없지"라고 했대요. 불행한 일도 있어야 행복함을 느낄 수 있다는 뜻이에요.

아빠가 작년에 많이 힘드셨는데 이제는 행복한 일만 있을 거예요. 다시 힘든 일이 찾아오겠지만 아빠는 그런 일을 많이 겪었으니 다시 행복할 수 있을 거예요.

멋진 소설책을 읽은 느낌을 받았어요.

2017년 6월 22일
아빠를 존경하는 아들 이석현

사느냐 죽느냐, 이것이 문제로다　189

딸이 공무원 시험에 또 떨어졌다

비겁한 놈보다 무모한 놈이 낫다.

열심히 공부했는데 공무원 시험에 또 떨어진 딸이 용기를 잃고 포기하지 않을까 걱정하며 이 위기를 잘 극복하도록 위로해주었다. 혹시 합격하기 어렵다고 생각해서 목표를 낮게 잡지 않았나 걱정하며 큰 목표를 잡으라고 말해주었다. 다행히 내 편지를 보고 마음이 차분해졌고, 대학에 대한 미련 때문에 공부에 집중하지 못했다는 것을 스스로 인정하고 대학에 대한 미련을 완전히 버리고 공부에 집중하겠다고 했다.

사랑하는 우리 딸 현지야, 힘들지?

아빠는 너에 대해 항상 많은 고민을 한단다.

'요즘 우리 딸의 걱정은 뭘까? 어떻게 해야 도움이 될까? 건강은 잘 챙기나?' 등등.

너의 목표가 '**공무원 시험 합격**'이고 그 목표가 확실하기 때문에 반드시 합격할 거라 믿어.

아빠는 일을 예술이라고 생각하며 한다고 했지?

마지막까지 최고의 작품을 만들기 위해 점 하나라도 수정한단다. 예술작품은 그 점 하나에 따라 가치가 수천 배 차이가 나기 때문이야. 알지?

일단 이번 실패에 무척 슬퍼하고 많이 울어라. 그런 후에 다시 일어서는 거야. **일어설 때 그냥 안 일어선다**는 거 알지? 이번에 왜 실패했는지 원인을 알아내면 너는 실패한 것이 아니라 소중한 연습을 한 번 했을 뿐이야. 역경이 아무리 크더라도 포기하지만 않으면 그 역경은 너를 훨씬 더 강하게 성장시켜 줄 거야. 똑같은 바다이지만 잔잔할 때도 있고 태풍이 불 때도 있다는 거 알지? 항상 최악의 상황을 고려해서 준비해야만 목적지까지 도착할 수 있지 않겠니?

아빠는 젊었을 때 계획을 세울 때마다 달성하지 못할까 봐 목표를 낮게 잡고 초과 달성하며 성취감을 느끼곤 했지. 어느 순간 내가 겁쟁이였다는 것을 알았어.

비겁한 놈보다 무모한 놈이 낫더라.

큰 목표를 정하고 달성하지 못하면 '**무모한 놈, 무능한 놈**'이라고 비난 받을까 봐 목표조차도 초라하게 잡는 '**비겁한 놈'이었다는 자괴감이** 들더라? 그래서 그다음부터는 남들이 비웃을지라도 나의 모든 목표를 '**세계최고, 세계최초, 세계유일, 세계최대**'라고 무모하게 정하고 날마다 '**뇌와 세포를 세뇌**'시키면서 목숨 걸고 최선을 다했어. **그랬더니 기적이 일어나더라.** 목표를 50%밖에 달성 못 했지만 목표를 낮게 잡고 120% 달성했던 것보다도 4~5배 더 달성하는 거야. 어떨 때는 100배?

목표를 최고로 정하면 나의 **뇌와 세포는 물론 잠재의식까지** 최고를 향해 움직인다는 것을 느낄 수 있었어. 잠재의식 속에 숨어 있는 잠재 능력을 수십 배 끌어낸 거지. 이것을 보고 아빠도 깜짝 놀랐단다. 그렇지 않겠니?

'**생각을 바꾸면 행동이 바뀌고, 행동을 바꾸면 습관이 바뀌고, 습관을 바꾸면 운명이 바뀐다**'라고 했어.

네가 기억하는 것처럼 우리 가정은 힘든 일 없이 항상 행복했고 앞으로도 더 행복할 거라 믿어.

물론 그렇게 되도록 우리 모두가 노력해야지?

현지야.

페이스북의 창업자인 마크 저커버그는 **"목표가 크지 않으면 이미 실패한 것과 같다"**라고 했어.

그래서 하는 말인데….

너의 목표를 약간 수정하면 어떨까?

남들이 비웃을지라도 너의 목표를 **'공무원 합격에서 만점으로 합격'**으로 멋지고 원대하게 수정하는 거야. 남들의 비웃음을 이겨 내면 너의 뇌와 세포는 네가 생각한 대로 반응할 거야. 불안하게 생각하면 불안해하면서 실패하고, 긍정적으로 생각하면 잠재의식까지 그렇게 될 거라고 믿고 움직일 거야. 목표가 멋지고 커야 너의 뇌와 세포가 목표에 부응하기 위해 움직여 주지 않겠니? 너의 모든 신경이 마음껏 먹도록 최고의 먹잇감을 주는 거야. 목표를 제일 좋은 종이에 크게 써서 너의 책상과 가방, 학원 등 모든 곳에 붙여 놓고 항상 세뇌시키면서 다짐하는 거야. 목표를 정하고 많은 사람들에게 공표하면 달성률이 50% 이상 높다는 연구 결과가 있대. 책임감 때문에 훨씬 더 집중한다는 거야. 그럴 것 같지 않니? 너의 잠재의식의 문을 두드려서 숨어 있는 슈퍼맨 같은 잠재 능력을 끌어내 봐. 그 어떠한 친구나 참고서, 족집게 선생님보다 더 큰 도움이 될 거야.

사람의 성격과 환경, 운명은 **생각이라는 씨앗에서 나온 열매래.** 그것을 선택할 수는 없지만, 생각을 바꿈으로써 그 모든 것을 바꿀 수 있대. 세상에서 가장 위대한 발견은 **'생각을 바꾸면 운명을**

바꿀 수 있다는 것을 발견한 것'이라고 했어.

돈보다 시간이 중요하고 돈과 시간보다도 더 중요한 것이 생각이래. 돈과 시간 관리보다도 더 중요한 것이 **'생각 관리'야.** 그 사람은 생각 자체야. 생각은 자신을 파괴할 수도 있고 기쁨과 행복이라는 천국을 만들어 주기도 해. 실천과 포기하지 않는 끈기만이 자신이 원하는 것을 이루어 준대. 그래서 아빠는 매일 아침 **'긍정의 언어'**를 노트에 기록하면서 나 자신을 세뇌시킨다?

'건강, 감사, 겸손, 경청, 이해, 배려, 긍정, 열정, 미소, 웃음, 기쁨, 사랑, 행복, 깨달음, 큰 꿈, 희망, 목표, 비전, 네 편, 내 편, 절대긍정, 절대겸손, 멋지게, 아름답게, 부드럽게, 시원하게, 서늘하게, 포근하게, 따뜻하게, 인정, 존중, 존재, 의미, 재미, 같이, 가치, 젊음, 청춘, 활력, 매력, 마력, 아부, 조삼모사, 적자생존, 신뢰, 신의, 인내, 끈기, 절제, 이상, 상상…'

꿈은 그냥 꿈이 아니라 **'큰 꿈'**이야. 긍정은 **'절대긍정'**이고, 겸손도 **'절대겸손'**이야. 자신에게 여지를 주면 나태해지기 때문에 그렇게 한다는 거 알지?

아빠가 가지고 있는 돈이나 집, 엄마와 너희도 모두 아빠의 소중한 자산이지만, 내가 이렇게 너희에게 쓴 편지도 엄청나게 소중한 보물이야. 그뿐만 아니라 매일 쓰는 긍정의 언어 하나하나도 모두 소중한 자산이지. 그래서 **아빠는 엄청난 부자이고 행복한 사람이란다?**

사랑하는 현지야.

혹시 너에게 부담을 주지나 않을까 걱정도 되지만 그보다도 더 중요할 것 같아서 이렇게 편지를 썼어. 부담 주는 것 아니지?

항상 열심히 하는 우리 현지가 자랑스러워. 다른 사람들이 너에 대해서 물어보면 네가 합격하지 못할까 봐 불안하지만 아빠는 당당하게 '서울에서 공무원 시험 준비하고 있어요'라고 대답한다?

우리 딸 사랑해.

2017년 6월 28일
무모한 꿈을 꾸는 아빠가

스마트폰은 좋은 것인가?

노력하는 것은 모두 꿈이다.
옳은 것보다 사랑이 더 중요하다.

시험공부를 하는 딸에게 아들에 대한 걱정을 얘기했다. 고등학교 2학년인 아들이 하고 싶은 것도, 잘하는 것이 무엇인지도 모르겠다고 했다. 다른 친구들은 모두 스마트폰이 있는데 자기만 없다며 몇 번 사 달라고 했는데 도움이 안 될 것 같아 안 사 줬었다. 필요성보다 "아들이니까 무조건 사 주시면 안 돼요?"라는 아들의 말에 마음이 아파 사 주겠다고 했다고 딸에게 내 마음을 얘기했다.

사랑하는 우리 딸 현지야.

더운데 얼마나 고생이 많니?

금요일 저녁에 석현이와 새벽 4시까지 얘기했어.

뭔가를 해야 한다는 것은 아는데 겁이 많아 실천하지 못하고, 실천했더라도 끝까지 못하고 중간에 포기해 버리는 자신에게 화가 난대. 나이 먹을수록 아빠의 기대에 90%에서 70%, 50% 수준으로 떨어지는 것을 두려워했어. 석현이도 답을 알고 있지. 이럴 때 아빠는 야단쳐야 하니? 아니면 착하고 건강하게 자라 주는 것만으로도 고맙다고 해야 하니? 아프고 말썽피우는 아이들을 보면 우리 아들은 참 감사하다고 생각하는데, 해야 할 것을 안 하면 화가 나거든? 아빠 마음이 왜 이럴까? 석현이가 안타까워. 꿈이 뭐냐고 물어보면 모르겠대. 하고 싶은 것, 잘하는 것이 무엇인지도 모르겠다는 거야.

'꿈'이란 뭘까?

어렸을 때부터 "꿈을 가져라"라는 말을 많이 들었지? 아빠도 이 말을 들으면 참 부담스러웠어. 꿈이라고 하면 대통령이 되고, 최고의 의사가 되고, 훌륭한 군인이 되는 그런 크고 위대한 것이어야 하는 줄 알았어. 어렸을 때는 그래도 꿈을 가졌어. 그런데 나이가 먹을수록 그 꿈이 작아지더라? 꿈이란 위인전에 나오는 위인들처럼 거창해야 할 것 같은 부담이 컸던 거야. 차츰 내 능력에 맞게 꿈을 줄이더니 어느 순간 나의 꿈이 없어지는 거야. 내가 참 한심하다는 자괴감이 들었어. 석현이도 지금 그럴 거야. 꿈이라는 말의 부담감? 하고 싶은 것이 정말 평생 하고 싶을지, 하고 싶고 좋아하는 것을 평생하며 살 수 있을지 걱정될 거야. 부담 주고 싶지 않지만 그래도 지금 석현이는 그것을 찾아야 할 때고 그 시기를 놓치면 안 된다고 생각하기 때문에 어쩔 수 없이 물어본 거야. 네 생각은 어떠니?

"꿈을 가져라"라는 말, 가슴 뛰고 설레는, 크고 위대한 일을 꿈이라고 해야 할 것 같은 부담이 너무 커. **현실과 이상 사이의 괴리가 너무 커서 꿈꾸기를 포기하게 만드는 말**이더라. 어른들이 잘못 가르쳤어. 큰 것만이 꿈이라고 은연중에 한 말들이 수많은 사람들을 꿈도 꿀 수 없게 만들어 버린 거야. 이렇게 부담스러운 것이 과연 꿈일까? 아빠는 '**노력하는 것은 모두 꿈이다**'라고 말하고 싶어. 그러면 안 될까? 현재 자신의 자리에서 최선을 다하는 것도 명확하게 표현할 수 없을지는 모르지만 꿈을 만들어 가는 것인지도 몰라. 지금 하는 일을 훌륭한 일로, 꿈으로 만들면 된다고 생각해. 아빠는 그랬어. 공무원이 꿈이라고 생각지도 않고 **생존을 위해, 해야 하기 때문에 최선을 다했더니 천직이 되었어.** 몸이 허약해서 죽을 고비를 여러 번 넘긴 덕에 평생 운동하게 되어 지금 이렇게 건강하고, 주위 사람들의 **권유를 자주 거절할 수 없어서 어쩔 수 없이 시작한 테니스가 인생 최고의 취미**가 되었고. 가슴 뛰는 설렘보다는 **언젠가는 해야 한다고 생각해서 너의 엄마와 결혼했고, 사랑을 어떻게 해야겠다고 공식을 정해 놓고 매일 실천했더니 우리 가정이 천국이 되었지. 교통사고로 머리가 나빠져 메모하는 습관을** 들였는데 그것이 나를 성장시켰고, 모든 사람의 로망인 나의 책을 낼 수 있게 했고, 나에게 만족하도록 해 준 가장 친한 친구가 되었어.

직업도, 운동도, 사랑도, 글쓰기도 하고 싶기보다는 어쩔 수 없**어서 했고 선택에 대한 책임감 때문에 최선을 다했더니 결과적으로 내가 한 선택 중 가장 잘한 선택이 된 거야.** 결론적으로 좋아서 시작한 것이 아니라 선택하고 열심히 했더니 잘하게 되었고 좋아하게 되었어.

특별한 사람은 좋아하는 것을 해야 잘하게 되고 성공하게 된다고 하는데 **불편한 진실**인 것 같더라. 보통 사람들은 보통 사람인 나의 방식이 더 성공 확률이 높은 것 같아. 좋아하는 것을 선택하지 않아서 성공하지 못했다는 사람들의 비난이 두려워 억지로 그것을 선택하여 실패하는 불편함보다, 막연하기는 하지만 필요한 일, 중요한 일을 선택하고 최선을 다해 성공했을 때 그것이 좋은 꿈이 되지 않을까?

일상의 삶도 대통령이 되는 것처럼 위대하고, 생존의 문제가 꿈보다 중요다고 생각해. 지금 하고 있는 일이 원래 자기의 꿈이 아니었다고 해도 무의미한 일이 아니야. 꿈이 있어서 성공한 사람보다 자기 일을 열심히 해서 잘하게 되어 꿈을 이룬 사람들이 훨씬 더 많대.

아빠의 지금 꿈은 우리 가족이 건강하고 행복한 것, 매일 테니스 하는 것, 좋은 사람 만나는 것, 모든 사람을 행복하게 해주는 것, 매일 감사일기 쓰는 것, 나의 책을 내는 것 등이야. 적어 보니 하고 싶은 것보다는 해야 할 일이나 되고 싶은 것이 더 많네?

큰 성공보다 여러 번의 작은 성취가 나에게 항상 잔잔하고 뿌듯한 행복을 주었어. 비록 작지만 그것도 꿈이 아닐까? 행복하기 위해 산다고 하잖아? 살아 보니 **'행복이란 무엇이든 열심히 하는 것'** 이더라. 석현이도 크고 위대한 꿈보다 평생 할 수 있는 보편적이고 의미 있는 일을 찾아 **'열심히' 해서 꿈으로 만들었으면 좋겠어.**

아빠의 꿈에 대한 생각을 같이 보낼게.

현지야, 석현이가 스마트폰 갖고 싶다고 그동안 몇 번 얘기 했었는데 도움이 안 될 것 같아서 안 사줬었거든? 필요한 것은 노력해서 얻어야 하고, 불필요한 것은 안 해 줘야 한다고 생각했었어. 그런데 어제는 하나밖에 없는 아들이 "스마트폰 있으면 살면서 느꼈던 행복 중 가장 크게 행복할 것 같아요"라고 하는데 마음이 정말 갑갑했어. 석현이도 울고 아빠도 함께 펑펑 울었단다. 사랑하는 아들이 원하니까 아무 이유 없이 해 달래. 그래서 걱정도 됐지만 해 주겠다고 해 버렸어. 잘했니?

그 말을 듣고 석현이는 더 엉엉 울면서 꿈만 같다고 하더라. 그래서 오늘 해 주려고 해. 너의 생각은 어떠니? 지금은 우리의 기대만큼 아니지만, 언젠가는 훌륭한 사람이 되지 않겠니?

기대만큼 안 되더라도 가족이니까 사랑해야지?

지금 석현이에게는 '옳은 것보다 사랑이 더 중요하다'고 생각해.

사랑하는 우리 딸 현지야.

엄마는 네가 우리 딸인 것이 감사하다고 하더라. 너는 아빠를
많이 닮았다고 해서 아빠도 기분 좋았어.

2017년 7월 10일

걱정을 말할 수 있는 현지가 있어서 행복한 아빠가

꿈이란?
겁나는 말이다

'꿈을 크게 꾸어라.'
'말한 것은 책임져라.'

정말 어려운 일이다. **"성실(誠實)이란 말하는 것을 이룬다"**라는
뜻이다.

사람은 성실해야 한다고 배웠다. 자기가 말하는 것은 책임져
야 한다는 것이다. 부담스럽다.

꿈은 사람을 구하고 나라를 구하는 크고 위대해야 하는 줄
알았다. 생존을 위한 것은 꿈이 아닌 줄 알았다.

대통령, 의사, 장군, 과학자, 비행사, 판검사, 변호사, 경찰, 교
수, 선생님….

초등학교 들어갔을 때 처음 꿈이 뭐냐고 물었을 때 대부분

이 중 하나가 자신의 꿈이라고 했을 것이다.

철이 들면서 차츰 자신의 능력과 현실에 맞게 바꾼다. 작아진다. 실망하지 않기 위해 목표를 낮게 잡는 실수를 범한다. 그러면 경험할 수 있는, 도전할 수 있는 기회를 스스로 버리는 것이다. 그것이 오히려 현실적이라고 말할 줄 알고 인정하고 노력하는 사람은 정말 현명하고 용기 있는 사람이다. 대부분은 작아져 버린 자신의 꿈을 보며 자괴감까지는 아닐지라도 실망한다. 실망을 하면 의욕이 없어진다. 당연히 능력 발휘가 되지 않고 성과도 없다. 차츰 자신을 무능한 사람으로 만들어 간다. 차츰 꿈이 작아지다가 이 지경이 되면 **꿈은 꿈같은 소리라며 없다고 한다.** "먹고살기 바쁜데 무슨 꿈 타령? 너는 왜 현실성이 없니?"

큰 꿈을 얘기하면 "너는 왜 허황되고 무모하니?"라며 상대를 무시하고 꿈도 꾸지 못하는 자신을 위로한다.

대학과 직업을 선택하는 사람들 중에 자신의 꿈을 이루기 위해 선택한 사람은 1%가 안 될 것이라는 것을 장담한다. 자신이 선택한 것이 사실은 꿈인데 그것이 꿈인 줄 모르고, 꿈이라고 말할 용기가 없기 때문이다. 꿈을 현실적으로 바꾼 사람들이 오히려 현명하고 용감하다. 세우지 않은 꿈은 절대로 이룰 수 없다. 위대한 꿈을 꿔야 하는 부담감 때문에 아예 처음부터 꿈꾸기를 포기해 버린다. 안타깝고 불쌍하다. **다른 사람이 자신을 공격해서 죽이는 것이 아니라 자기가 자신을 완벽하게 죽이는 것이다. 자신 안에 들어 있는 무한한 잠재 능력을 빼앗기는 것이 아니라 스스로가 써 보지도 못하고 모두 버리는 것이다.** 잘못 배워서.

작고 초라해 보이는 꿈이라도 있어야 한다.

분명 하고 싶은 것이 있는데 이루지 못할까 봐 두려워서, 이루지 못한 자신에게 실망할까 봐, 작다고 비웃을까 봐, 하고 싶고 되고 싶다는 말을 못한다. 그게 꿈인데.

생존을 위한 작고 일상적인 것이 현실적인 꿈이고 보통 사람, 많은 사람들에게 필요한 꿈이라고 생각한다.

작은 일을 해내며 성취감을 느끼고, 자신감과 열정, 도전정신을 키워서 조금 더 큰 목표를 달성하며 또 다시 느끼고 키우고, 또 다시 느끼고 키우기를 **반복하면서 익숙해지면, 허황되고 무모한 꿈을 꿀 수 있는 용기와 능력이 생긴다.** 수많은 무모한 꿈을 꾸다가 만의 하나라도 그 꿈이 달성될 수도 있지 않을까?

처음부터 가슴 뛰는 꿈은 없다. 꿈보다 열정이 더 가슴 뛰게 한다. 꿈을 갖는 일은 정말 어려운 일이다. 꿈이 없고, 꿈을 못 찾는 것이 오히려 정상인지 모른다. 꿈을 찾고, 꿈이 있고, 꿈을 이룬 사람은 많지 않다.

꿈은 모방해도 좋다. 꿈의 주인은 그것을 떠올린 사람 것이 아니라 실행하여 자기 것으로 만든 사람 것이다.

좋은 생각이 좋은 실행을 만드는 것이 아니라, 좋은 실행이 좋은 생각을 만든다. 꿈은 찾는 것이 아니라 만드는 것이다. 꿈은 지속적인 과정이다.

내 꿈의 주인은 나다. 내가 내 꿈을 믿어야 내 꿈도 나를 믿는다. 작은 목표를 달성하면 스스로 큰 목표로 전진하는 속성이 있다. 꿈은 똑똑한 뇌가 아닌, 성실한 두 손으로 평생 실천하는 것이다. 자신을 사랑하고 성장·발전시키는 과정이다. 꿈은 도전과 열정과 끈기, 힘들어도 참아내는 인내심, 끊임없는 아이디어를 가져다준다.

오히려 작고 일상적인 것이 세상을 구하고 발전시킬 수 있다는 생각을 사람들에게 알려 줄 필요가 있다. 가치와 의미를 부여해 주는 것이 사소해 보이는 일을 열심히, 성실히 할 수 있는 동기를 만들어 주는, **꿈의 씨앗을 뿌려 주는 것이다.** 씨앗을 뿌리지 않고 수확하기를 바라서는 안 된다. 뿌리지 않은 사람은 바라지도 않는다. 씨앗을 뿌리고 열심히 가꾸어야 수확하는 기쁨을 얻는다. 도전하고 성취하는 과정을 반복하면서 서서히 **세상을 구할 큰 꿈의 씨앗도 뿌리고 그런 꿈도 이룰 것이다.**

단계에 맞게 이룰 수 있는 꿈을 알려 주고 의미와 가치를 만들어주면서 잠재능력을 이끌어내 주어야 한다. **출발은 1단으로,** 차츰 능력이 커지면 꿈도 그에 맞게 키워 가야 한다. 일단 **출발하면 스스로 가게 된다.**

나는 지금도 나의 꿈을 만들고 키우고 이루며 산다.

남이 비웃을 하찮은 꿈, 무모하고 허황된 꿈, 한 번 이루면 없어지는 꿈, 죽을 때까지 매 순간 반복하는 꿈도 있다. 구체적인 꿈도 있고 추상적인 꿈도 있다.

작고 사소한 것, 매 순간 반복하는 것들을 나의 꿈과 비전, 사명과 목표, 내가 사는 이유라고 정하고 나니 꿈이란 위대할 필요도 없고, 정상에 올라야 하는 부담도 없어졌다. 그것을 **실천하고**

이루면 행복하다. 다른 사람도 행복하다. 그러면 그것이 꿈이 아닌가? 못해도 괜찮다. 꿈도 꾸지 못하는 사람들이 많으니까.

세상을 구하겠다는 위대한 꿈이 세상을 구한 것이 아니라 매일 밥 잘 먹고 열심히 살겠다는 생존을 위한 작고 현실적인 것들이 이루어지면서 스스로 성장하고 잠재 능력을 이끌어 내어 세상을 구하고 발전시키는 위대한 꿈이 된 경우도 있다.

나는 이제부터 꿈의 전령사가 되겠다.

꿈은 위대해야 한다? 아니다. 꿈은 사소해도 좋다.

처음 출발은 작은 것부터 하는 것이 더 지속 가능하다. 반복해서 익숙해질 때 큰 꿈을 꾸면 된다. 매 순간 해야 할 일을 완수하는 것도 꿈이다. **의도적으로 하는 것도 꿈이다.** 능력 있는 사람이 꾸는 것도, **능력이 없는 사람들이 꾸는 것도 꿈이다.** 어린이가 꾸는 것도, 청춘이 꾸는 것도, 어르신이 꾸는 것도 꿈이다. 건강할 때, 아플 때, 슬플 때, 기쁠 때 꾸는 것도 꿈이다. "그것은 꿈이 아니다 꿈이 없다"라고 말하는 사람도, 꿈이라고 말하는 사람도 모두 맞다. 꿈이라고 생각하는 사람은 뇌와 세포, 근육과 뼈, 감정과 잠재의식까지 수백 배로 활용할 수 있지만, 아니라고 없다고 말하는 사람은 스스로가 그 엄청난 능력들을 죽이고 버리는 사람들이다. '나는 지금까지 꿈꿔 보지 못했던 꿈을 꾸겠다. 매일 매 순간 작은 꿈과 목표를 실천하면서 이 세상을 천국으로 만들어 행복하게 살겠다.' 이런 생각을 하고 그것을 이렇게 정리할 수 있어서 정말 좋다. 이런 나 자신에게 감사하다.

감사일기에 대한 아들 생각

의도적으로 감사하면 자신이 더 기분 좋다.

아들이 '오프라 윈프리'에 관한 책을 읽고, 감사일기에 대해 좋은 점을 얘기했다. 자신도 그렇게 하겠다고 해서 기분이 좋았다. 실천력이 약한 아들에게 용기를 주고 계속해서 영원한 보물로 만들었으면 하고 바라면서 편지를 썼다.

독후감 잘 읽었어. 어쩜 이렇게 잘 쓰니?

네가 책을 통해서 얻은 정보들을 너의 것으로 만들 수 있어서 아빠는 너무 좋아.

너는 '오프라 윈프리'가 감사일기를 쓰면서 인생이 달라졌다고 했지? 그 이유가 단지 감사일기를 써서가 아니라 모든 것을 좋게 생각하려는 마음가짐 덕에 그런 거라고 했어. 네가 정확히 봤구나. 한 가지 더 말하자면 그 사람은 생각만 한 것이 아니라 자신의 고난과 역경을 극복하기 위해 하루도 쉬지 않고 피나는 노력을 했기 때문에 가능했다는 거야. **끈기 있게 실천한 결과지.**

네가 감사일기 쓰는 것을 습관이 되도록 하겠다고 해서 기분이 너무 좋아. 감사하는 사람들이 그렇지 않은 사람들보다 목표 달성을 잘하고 의도적으로 감사 연습을 하는 사람들에겐 목표의식과 성취욕이 생긴대. 감사하는 사람들은 모든 일을 열정적으로 하기 때문에 목표 달성에서 50% 더 성과가 높다고 했어.

아빠도 감사일기 쓰면서 생각과 행동이 엄청나게 많이 바뀌었어. 매일 **감사일기를 쓰기 위해 의도적으로 좋은 생각과 행동을 하게 되고, 다른 사람을 도와주고 칭찬을 받으면 쓸 거리가 생겨서 마음이 뿌듯해져. 나쁜 생각이나 행동도 거부감이 생겨서 안하게 되더라?** 좋지 않은 일이 있어도 감사일기를 쓰면서 많은 것을 배우며 기분이 좋아졌어. 아마 너도 그렇게 될 거라고 생각해.

'의도적으로 감사하기'에서도 다른 사람이면 '진심이 아닌 것은 나쁘다'라고 생각했을 텐데 역시 너는 생각이 깊구나. 네 생각이 맞아. 더 기분 좋은 것은 너도 이제부터 '의도적으로 감사하기'로 했다는 것과, 그 이유가 '의도적으로라도 감사하면 상대가 좋아할 뿐만 아니라 너는 더 기분 좋기 때문'이라고 했기 때문이야. 보통 사람이 하기 어려운 아주 큰 생각을 했구나? 멋지다!

'긍정적인 마음 갖기'란 네 말처럼 정말 어려워. 아빠는 '절대긍정'을 하면서 행운과 기적을 만들면서 살고 있다고 했지? 자신감이 없어서 부정적이었던 너의 습관을 긍정적으로 바꾸고 말이나 행동을 한 번 더 생각하면서 자신감을 갖고 열심히 하겠다는 말, 그 말이 나를 참 행복하게 해 주는구나.

꾸준히 실천한다면 지금은 비록 미약하지만 내일은 너를 훨씬 더 훌륭하게 성장시켜 줄 거야. 물론 지금도 너는 다른 사람들보다 생각이 깊고 긍정적인 사람이야.

이 책을 계기로 옛날보다 더욱더 '긍정적인 마음 갖기'를 실천하기로 마음먹었다고 했어. 그렇게 마음먹은 순간 너는 엄청나게 성장한 것이나 같아. 반드시 실천할 수 있을 거야. 아빠가 언제든지 도와줄게.

나도 너처럼 우리 가족이 감사일기를 쓴다는 것 자체부터가 감사한 일이라고 생각해. 너와 누나, 엄마까지 모두가 아주 사소한 것에서 감사하고 어렵고 힘든 것에서도 감사한다면 우리 가족은 영원히 행복할 거야.

오늘도 이렇게 너에게 받은 편지 한 통으로 아빠는 너무 기쁘구나. 그리고 많은 생각을 하고 있는 너를 알았고 또 이렇게 나의 마음을 글로 얘기할 수 있어서 감사해.

2017년 7월 26일
의도적으로 감사하는 아들의 아빠가

어머니,
이제 편히 돌아가셔요!

"기준이 바뀌면 생각이 바뀐다."

공무원 시험 준비를 하는 딸이 공부에 대한 의욕을 잃고 힘들어하는 것 같다. 어떻게 하면 **'공부는 힘들다'**에서 **'공부는 즐겁다'**로 생각을 바꿔 줄지 고민하며 유방암과 폐암에 걸렸는데도 수술을 받지 않고도 11년간 사신 할머니 얘기를 해 주었다. 완전히 즐기지는 못한 것 같지만 그래도 힘들다는 말은 하지 않았다.

사랑하는 현지야.

아빠가 남들보다 조금 더 잘하는 것 중 하나가 '**최악의 상황에서도 빈손으로 안 일어선다**'는 거야. 그곳에서 뭔가 **더 가치 있는 보물을 찾아낸다는 거** 알지?

명약보다 의지가 중요하다.

현지야, 돌아가신 너의 할머니 기억나니? 유방암과 폐암 진단을 받고도 수술 받지 않고 병원에서 모시고 올 때 의사 선생님께서는 많이 살면 6개월 산다고 했는데 누구도 상상하지 못할 11년을 사셨어. 할머니는 의지가 매우 강한 분이셨지. 그런 분도 투병 생활을 하면서 한 달에 한 번씩 의지가 약해지면서 "내가 전생에 뭔 죄를 졌기에 이런 몹쓸 병에 다 걸렸다냐?"라며 신세를 한탄하시더라. 아빠의 고민은 할머니 약을 구해드리는 것보다 '**어떻게 투병 의지를 키워 드릴까?**'였어. 제아무리 좋은 약보다 의지가 더 중요하기 때문이야. 간염을 앓고 있던 나는 어머니의 투병 의지를 키워드리기 위해 내 병에 좋다며 약초를 끓여 달라고 부탁드렸지. 부모는 자신보다 자식을 더 걱정한다는 것을 알았고 특히 자식 사랑이 지극했던 할머니께는 그것이 투병의지를 키워 주는 가장 좋은 방법이라고 생각했는데 적중했어. 할머니는 집 안팎 가득 어성초와 민들레, 질경이를 정성스럽게 키워서 매일 가마솥에 2시간 동안 정성들여 끓이셨어. 할머니가 돌아가실 때까지 나와 할머니는 다른 물은 안 마시고 그 물만 마셨지. **그 약초들은 모두 할머니 암에 좋은 약이라는 거 알지?** 암에 좋다고 했으면 '늙은 목숨 더 살겠다고 발버둥친다'라고 생각하며 안 하실 것 같아 내 병에 좋은 약이라고 했던 거야. '자식이 아픈데 뭔들 못해?'라며 반드시 하실 거라는 것을 알았지. 내가 초등학교 2학년 때 죽을병에 걸렸는데도 지금 살아 있는 것은 부모님과 형님들의 지극정성 덕이지.

병원에서 내 병을 못 고친다며 집으로 데려가라고 했을 때, 할머니 마음이 어땠을지 상상이 되니? 2년 전, 아빠 누나가 18살에 불치병에 걸렸는데 병원에서 치료하지 못하고 돌아가셨거든? "다큰 딸이 병으로 죽었는데 아들까지 병으로 죽게 할 수 없다"며 할머니께서는 "내가 먼저 씹어 먹어 보고 죽지 않은 모든 식물을 채취해서 달여 주겠다"라고 마음먹었다고 하시더라. 그 얘기 들었을 때 아빠 마음이 어땠겠니?

나도 생존본능이 강해서 모든 약을 잘 먹었어. 어떤 것 때문인지는 모르지만 병원에서는 살날이 얼마 남지 않았다고 했는데도 이렇게 산 것은 아빠의 생존 의지와 할머니의 지극정성이 제일 컸다고 생각해.

병 치료보다 한을 풀어드리는 것이 중요하다.

6개월밖에 못 살 거라고 했는데 5년이나 사신 뒤에도 할머니가 계속 세상을 원망하기에 나는 고민을 많이 했어. 생각이 바뀌지 않으면 돌아가실 때까지 당신이 불행한 사람이라고 생각하며 가

습에 한을 품고 사실 것 같고, 돌아가시더라도 그 한을 안고 가실 것 같더라? **자신이 천벌을 받았다고 생각한다는 것, 얼마나 슬픈 일이니?** 암보다도 그렇게 **한을 품고 사는 것, 한을 안고 돌아가셔야 한다는 것이 더 불쌍하다**는 생각이 들더라. **병 치료보다 할머니 한을 풀어드리는 것이 아들로서 해야 할 진정한 효도라는 생각이 들었어.** 그래서 아빠가 뭐라고 말했는지 아니?

"**어머니, 이제 편하게 돌아가셔도 돼요…** 어머니께서 지금 돌아가셔도 불쌍하다고 할 사람 없어요. 세상 원망 이제 그만하세요. 6개월밖에 못 사신다고 했는데 5년을 살았다면 하늘이 정한 수명보다도 10배를 더 사셨잖아요. 어머니께서는 누구보다도 더 천복을 받으셨어요. 천벌을 받은 사람이라고 생각하기 때문에 슬펐지만, 이미 죽었어야 할 목숨을 5년이 넘도록 덤으로 새 세상을 살고 있다고 생각하면 누구보다 행복하실 거예요. 하나님이 누구에게 그런 천복을 주겠어요?"

나는 이렇게 불효막심한 말을 했어. 아빠 나쁘지.

할머니께서는 뭐라고 하신지 아니?

"예기, 개새끼. 내가 너를 멋을 먹고 낳으끄나?"라고 하셨어. 할머니께서 기분 나빠 하실 거라는 걸 예측했지만 그런데도 **아들이기 때문에 하기 싫지만 할 수밖에 없는 선택**이었지. '**불효자식이되더라도 가슴에 맺힌 한을 반드시 풀어드려야 한다**'라고 판단했기 때문이야.

그런데…

기준이 바뀌면 생각이 바뀐다.

그 후부터는 한 번도 자신을 불쌍하게 생각한다거나 세상을 원망하지 않고 편하게 사셨어.

기준이 '천벌을 받은 사람에서 천복을 받은 사람으로' 바뀌니까 '불행아에서 행운아로' 생각이 완전히 바뀐 거야. 생각을 바꾸니까 남은 생이 행복하셨어.

병에 걸린 사람은 자신이 불쌍하다는 일반적인 편견 속에 갇혀 살지. 할머니도 그러셨기 때문에 가슴속에 한을 품고 당신을 불쌍하게 생각하며 투병 의지를 잃어 갔던 거야. 이해되니?

그래서 아빠는 투병의지가 약해지는 근본적인 원인이 기준을 잘못 정하셨기 때문이라고 생각하고 그 기준을 정확히 알려드려야 할머니께서 생각을 바꿀 거라 생각했어. 물론 천하에 효자들인 큰아빠들은 말씀 못하실 거라는 걸 난 알았어. 그래서 내가 그런 청천벽력 같은 말을 한 거야. 많은 고민을 하고 할머니가 절망하지 않도록 최대한 애절하게 말했을 거라는 거 알지?

내 모험은 대성공이었어.

이미 오래전에 죽었어야 했는데도 세상과 자식들 덕분에 이렇게 살아 있으니 자신이 누구보다 행복한 사람이라고 생각하셨어.

할머니 스스로 자신을 행운아로 만드신 거야.

현지야! 아빠가 여러 번 얘기했기 때문에 잘 알지? 행복은 결과도 중요하지만 과정이 더 크고 좋다는 거.

아빠는 안 바쁠 때보다 바쁠 때 더 행복했어. 이상하지? 우리 직원들 하는 말이 아빠는 문제가 생기면 눈빛이 달라지고 말과 행동에 활기가 넘친다고 하더라? 나도 모르는 모습이 우리 직원들 눈에는 보였던 거야.

한가할 때 보다 바쁠 때, **의미 있는 일을 할 때가 가장 행복한 때**라는 것을 깨닫는 순간부터 아빠는 어떠한 문제도 두렵지 않았어. 엄청난 보물을 얻은 거 같지 않니? 오히려 **'문제는 행복이다'** 라고 생각하게 되었어.

현지야! 현재의 너의 상황을 가만히 한 번 생각해 볼까?
지금 네가 힘들다면 **너는 네 삶에 가장 가치 있는 일을 하고 있는 거야.** 그렇게 멋진 삶을 살고 있는 너를 누가 무시할 수 있겠니? 오히려 대단한 사람이라고 부러워할 거야.

너는 그렇게 훌륭한 사람이고 행복한 사람이야.

엄살 부리지 마라? 어때, 아빠의 말 인정하니?

이제 네가 세상에서 가장 행복한 사람이라는 것을 깨달았다면 다음을 한 번 생각해 볼까?

몰입도는 과정에서 행복을 얻으려 할 때 더 크고 강하대. 과정 자체가 행복하게 해 준다고 생각하면 너는 훨씬 더 몰입할 수 있고 만족감도 엄청나게 좋아질 거야. 상상해 봐. 왠지 가슴이 따뜻해지는 것 같지 않니?

멋진 우리 딸 현지야!

'공부는 힘들다'에서 '공부는 즐겁다', '공부는 나 자신뿐만 아니라 모든 사람을 행복하게 해 주는 일이다'라고 너의 생각을 바꿔 봐. 처음에는 너의 뇌와 감정도 익숙하지 않아서 바로 받아들지 못할 수 있어. 그래도 계속 생각하면 변할 거야. 행복은 조건이 아니라 매 순간 반복하는 노력 자체지. 너의 행복은 네 마음속에 있어. 이 사실을 절대 잊지 말자.

이렇게 너에게 글을 쓸 수 있다는 것이 너무나 행복해.

"아직 내 비장의 무기는 내 손안에 있다. 그것은 희망이다"라는 말로 너의 선택과 행동을 보고 비웃는 사람들을 너그럽게 용서하며 행복을 매 순간 즐겨버려.

사랑해.

2017년 9월 19일

가장 가치 있는 시간을 보내는 사람의 아빠가

아빠, 나는 정말 멍청한가 봐!
최고의 연애

세상의 모든 것이 쉬워지기 전에는 다 어렵다.

딸이 학원생들 중에 제일 열심히 공부하는데 성적이 오르지 않는다며 불안해했다. 자기보다 늦게 시작한 사람들이 너무 빠른 속도로 성적이 오른 것을 보며 자신이 머리가 안 좋은 것 같다고 자책했다. 학원생들과의 관계도 불편해하고 어떻게 해야 할지 모르겠다며 걱정하는 딸에게 30년 더 산 내 생각을 얘기해 주었더니 막힌 구멍이 뻥 뚫린 것 같다고 했다.

나는 세상에서 가장 행복한 사람이다.

어제저녁에 세상에서 가장 아름다운 아가씨와 가슴 떨리는 통화를 했다. 태어나서 가장 멋진 연애를 한 거다. 우리 딸 이현지!

딸은 요즘 학원생들 중 제일 열심히 공부하는데 성적이 오르지 않아 불안해하고 있다. 용기를 북돋워 주기 위해 내 경험을 얘기해 줬다.

"현지야, 공부하기 힘들지? 누구나 다 그래. 너는 목표가 있으니까 분명히 잘할 거야. 걱정하지 마.

현지야, 우리 사람에 대해 한번 생각해 볼까? 막 공부하려고 하는데 부모가 공부하라고 하면 하기 싫지? 꼭 숙제하는 것 같아서 아빠도 싫었어. 하라고 해서 할 때와 하고 싶어서 할 때는 달랐어. 아빠가 어렸을 때 물건 취급당하는 것이 싫었지만 성인이 되어 직장생활을 하면서 자신을 상품이라고 생각하고 나를 최고의 상품으로 만들겠다고 했을 때, 보고 듣고 배우는 것이 달라지더라. 다른 사람들에게 재미있고 즐겁게 가르쳐 주겠다고 생각하니 배우는 방법이 발전하면서 훨씬 더 집중이 되고 기억하기가 쉬워졌어. '모든 사람을 행복하게 해주겠다'라는 사명을 정하고부터는 모든 상황이 완전히 달라지더라. 명령에 의해 수동적으로 어쩔 수 없이 할 때는 하기 싫고 성과도 없었으나 '좋은 상품을 잘 팔겠다. 잘 가르쳐 주겠다. 모든 사람을 행복하게 해 주겠다'라고 생각했을 때의 몰입도는 크게 올랐고 일이 그 어떤 놀이보다 즐거웠고 성과도 컸어. 그러면서 뇌로만 기억했던 것을 뇌와 세포, 감정과 잠재의식이 함께 기억하고 그 기억은 다시 재해석하고 재가공하면서 새로운 지혜를 창조하는 성취감을 느낄 수 있었어. **공부를 뇌로만 하는 사람과 온몸의 세포, 뼈와 근육, 감정과 잠재의식까지 활용해서 하는 사람**은 엄청난 차이가 날 거야. 그렇게 생각하지 않니? 너는 아빠가 머리는 좋지 않지만 노력으로 모든 것을 극복하여 능력 있는 사람이 되었다고 했어. 당장은 아빠처럼 할수는 없겠지만 너의 모든 감각기관을 사용하겠다고 항상 생각하면 네 몸은 차츰 네 생각을 따라 줄 거야."

그랬더니 딸은 그렇겠다며 노력하겠다고 했다. 현지는 옳다고 생각하는 것을 바로 인정하고 받아들일 줄 아는 이름처럼 참 현명한 사람이다.

학원생들이 아는 체하는데 자기는 지금 그럴 때가 아니라고 생각하고, 아는 체를 하더라도 이름을 불러야 할지 언니, 오빠라고 불러야 할지 모르겠다고 했다. 아는 체해서 친해지면 공부 시간을 뺏길 것 같고 모른 체하면 못된 아이라고 욕할 것 같다며 공부에 모든 걸 집중해야 하는데 다른 것이 신경 쓰여 불편하다고 했다.

사람들은 나이가 어리더라도 언니, 오빠라고 하면 자신을 존중해 준다는 느낌을 받기 때문에 욕하지 않고 오히려 좋아한다며 모두에게 언니, 오빠라고 하라고 했다. 주변 사람을 알면 시간을 뺏긴다고 생각해서 불편할 수 있지만 오히려 도움 받을 수도 있다고 생각하면 편할 거라고 했다.

그동안 내가 배우고 경험하며 느낀 점을 얘기해 줬더니 안갯속 같았던 머릿속이 깨끗해지는 느낌이라고 했다.

세상의 모든 것이 쉬워지기 전에는 다 어렵다.

세상의 모든 위대한 선택들은 처음에 일반적인 시각에서는 모두 잘못된 선택처럼 보였다. 그러나 그 결과가 좋게 나오면 그 선택이 옳았다는 것을 보통 사람들은 그때서야 인정하게 된다.

'우리가 선택한 방법이 잘못된 선택이 아닐까?' 하고 지금 불안해하고 있다. 현지도 나도.

지금 선택이 잘못된 선택처럼 보일 수 있다. 자신의 선택이 잘못된 선택이 될까 봐 불안해할 것이 아니라 부단히 노력해서 옳은 선택으로 만들면 된다고 했다.

현지는 계속해서 뭔가를 더 물어보고 내 머릿속에 들어 있는 것들을 더 많이 가져가고 싶어 하면서 전화를 끊기 싫어하는 느낌을 주었다. 자신의 고민거리들을 건건이 얘기하고, 나의 답을 기다리는 딸의 태도에서 나는 매 순간 감격하고 행복했다. 나는 "또, 또"를 하면서 계속 딸의 궁금증을 해결해 주고 싶었다.

현지가 친구들에게 우리 가족은 대화를 많이 한다고 하면 친구들이 매우 부러워하며 나와 대화해 보고 싶다고 했다고 얘기했을 때, 현지가 나를 자랑스럽게 생각하는 것 같아 너무나 행복했다. 자기 전화요금이 없다며 전화 끊고 나에게 다시 걸어 달라고 해서 새벽 1시까지 행복한 대화를 했는데도 시간이 너무나 짧게 느껴졌다. 우리의 대화는 친한 친구 사이의 대화를 넘어 진정한 연인 사이의 대화처럼 황홀했다.

내일 아침에 일찍 일어나야 하기 때문에 이제 끊자고 하면서도 아쉬워하는 우리 딸.

이런 멋진 딸이 있는 나.

세상의 그 어느 누구보다도 행복하다.

이런 상황을 지켜보고 있는 부인도 행복해하고 뿌듯해해 줘서 감사하다. 이런 가정이 있는 나와 우리 가족은 천복을 받고 사는 것 같다.

20살이 된 딸과의 진지한 대화 시간. 정말 행복한 시간이었다. 앞으로도 이런 날들이 계속되었으면 한다.

사랑과 행복은 형용사가 아니라 동사다. 느끼는 것은 오래가지 못하지만, 만들면 만들수록 더 많아지고 좋아지고 오래가고 계속되고 소중해진다. 작은 것일지라도 사랑과 행복을 매일매일 만들어 갈 것이다.

나의 사명은 '모든 사람을 행복하게 해 주겠다'이고, 나의 목표는 '모든 사람이 행복하게 사는 세상을 만들겠다'이다. 이렇게 사명과 목표를 정하고 최선을 다하더라도 죽을 때까지 도저히 불가능하겠지만, 나와 주위 사람들은 조금씩 행복하게 될 것이라는 것을 믿는다.

2017년 9월 21일

행복을 만드는 이영주

시험 일주일 전

신중함은 보석보다도 중요하다.

현지 시험이 일주일 남았다. 이번에는 어려울 것 같아 다음에 하면 된다는 생각으로 포기하지 않을까 걱정되었다. 부담 주지 않으면서 마무리를 잘하기 바라는 마음에서 편지를 썼다.

사랑하는 현지야! 힘들지? 고생이 많구나.

혹시 이번에 떨어지면 다음에 하면 된다고 생각하고 있지는 않은지 네 자신을 잘 들여다봐. 그렇다면 너는 이미 실패를 준비하고 있다는 거야. 다음은 절대 없다고 생각해야 너의 세포는 모든 것을 걸고 집중할 거야. 이 세상에 **미리 준비한 사람보다 강한 사람은 없다**고 했어. **준비에 실패하면 이미 실패를 준비하는 것이나 같대**. 실패한 사람은 준비에 실패한 사람이래. 사람은 자신의 생각보다 더 위대해질 수는 없어. 잠재의식은 항상 생각한대. 의식의 영역에서 긍정을 생각하는 시간과 부정을 생각하는 시간에 비례해서 무의식에서 그 몇 배를 생각한다는 거야. 열정적인 사람은 자신의 잠재 능력을 몇 배 더 끌어낼 수 있어. 너의 생각과 몸을 '초긍정'으로 매 순간 세뇌시키면 다른 사람은 전혀 활용하지 못하는 잠재 능력을 500% 발휘할 수 있을 거야.

아빠가 24살 때 교통사고가 크게 났어. 혼수상태에 빠져 하루 만에 깨어난 후에 아빠는 병신이 될 줄 알았어. 척추 압박골절로 3개월간 입원했고 그 후 1.5의 정상 시력이 급격히 나빠져서 0.2밖에 되지 않았어. 무엇보다도 기억력이 완전히 나빠졌더라. 내가 바보가 되지 않을까 걱정하며 많은 고민을 하다가 **"기억보다 기록이 좋다"**라는 말을 믿고 공무원 시험 볼 때보다 더 열심히 공부하고 기록했더니 차츰 기억력이 살아났어. 그 위기가 없었다면, 아니 포기해 버렸다면 평생 보물인 공부하는 습관을 만들지 못했을 거야. 그 덕에 이렇게 너희에게 자주 편지를 쓸 수 있었고, 나만의 책을 낼 수 있게 됐어. 위기가 상상하지도 못한 엄청난 것들을 가져다준 거야.

남보다 부족한 점이 삶을 힘들게도 하지만 그것을 긍정적으로 받아들이면 자신을 훨씬 더 발전시킬 수 있는 기회가 될 거야. 오히려 그 약점이 너에게 훨씬 더 강한 간절함이 생기게 해서 그것을 극복하게 할 거야. 그것을 이겨내면 너는 네 인생 전체를 통해 항상 자신감을 가질 수 있지 않을까? **능력보다 중요한 것이 노력이고 노력보다는 간절함**이라고 했어. 세상의 이목을 크게 받은 이들은 재능 대신 열등감을 선물로 받은 사람들이었대. 열등감에 사로잡히지 않고 디딤돌로 삼은 결과지. 원래 가치 있는 일은 모두 어려운 법이야. 시도해 보지 않고는 그것을 알 수 없겠지? 무엇이든 할 수 있다고 생각하고 해 보자. 너에게는 지금 남은 일주일이 지금까지 2년간 준비한 것보다도 더 중요한 시간일 거야. 그동안 했던 것을 잘 정리해서 이번에 꼭 합격하길 바라.

신중함은 보석보다도 중요하다고 했어.
시험을 볼 때는 무엇보다도 신중해야 해. 아빠의 경우 몰랐던 것도 틀리면 노력을 덜한 것이 후회스러운데, 신중하지 못해서 아는 것을 틀리면 자신에게 화가 나더라. 그동안 몇 번 경험했기 때문에 어떤 부분에 신중해야 할지 알지? 그 부분을 메모지에 써

가지고 가서 시험장에 도착하면 너만이 알 수 있는 방법으로 정리해 봐. 시험 보면서 그 부분을 생각하며 보는 거야. 1점 차이로 떨어졌다는 사람들을 보면 정말 안타깝더라. 1점이 1년이 되고, 2~3년이 된 사람들도 있어. 그런 상황을 여러 번 겪으면서 삶의 의욕마저 잃어버리고 폐인이 된 사람도 있대. 다른 사람에게 실망하는 것도 기분 나쁘지만, 자신에게 실망하는 것은 정말 슬픈 일이지. 자신에게 실망하는 그런 실수를 하지 않기 위해 얼마나 신중해야 하는지 알겠지?

사랑하는 우리 딸! 힘들겠지만 건강관리 잘하면서 고지까지 모든 것을 집중해 보자.

2017년 10월 16일
고지를 함께 점령할 전우가

현지의 생일 축하 편지

시험공부하면서 시간이 부족할 텐데 아빠 생일이라고 너무나 감동적인 편지를 써 주었다.

"내가 엄마, 아빠를 보살필 날이 가까워지고 있다. 우리 가족이 너무나 잘 살아온 것 같다. 엄마, 아빠가 살면서 건설한 집이 아주 근사하게 지어졌다. 올해는 꼭 합격해서 내년 아빠 생일날 정말 근사한 곳에서 여유롭게 보낼 수 있었으면 좋겠다"라고 해서 너무 좋았다.

아빠, 아빠의 생일을 정말 정말 축하드려요.

벌써 내가 아빠와 함께 보내지 못하는 두 번째 생일이 오다니… 정말 시간이 너무 빨리 가.

엄마, 아빠와 떨어져 지내니까 불편한 점도 많고 보고 싶지만 다른 친구들과 연락하지 않고 엄마, 아빠한테만 의지해서 그런지 사이가 더 좋아지고 이야기하는 시간도 많아서 참 좋아. 친구들은 한창 놀 시기라 부모님과는 얘기할 시간도 없을 것 같거든?

나도 전보다 공부 열심히 하니까 엄마, 아빠한테도 당당해. 시험 전에 나를 돌아봤을 때 열심히 안 했다고 생각하면 시험에 희망을 갖기 힘들 텐데 '열심히 했으니까 잘될 거야'라는 희망이라도 가지려고 그런 것 같아.

벌써 아빠가 52살이라니. 나만 나이 먹는 게 아니라 아빠, 엄마도 같이 먹는다는 게 너무 슬프다.

항상 내가 기댈 수 있는 엄마, 아빠인데 점점 내가 보살필 날이 가까워지고 있다는 게 느껴져. 이런 생각이 드는 거 보니 엄마, 아빠가 자식을 정말 잘 키웠나 봐. 이제까지 우리 가족이 너무나 잘 살아온 것 같아서 정말 좋다! **엄마, 아빠가 살면서 건설한 집이 아주 근사하게 지어졌다고나 할까?**

**올해는 내가 꼭 합격해서 내년 아빠 생일날 우리 가족이 정말
근사한 곳에서 아주 여유롭게 보낼 수 있었으면 좋겠어. 제발!**

내가 아빠와 비슷한 점은 긍정적인 면밖에 없는데, 요즘 공부하
며 많이 부정적으로 바뀐 것 같아 슬퍼. 엄마가 나는 아빠를 닮
았다고 한 말을 아빠한테 들었을 때 많이 부족한 건 알지만 참
기분 좋았어.

이번 주 토요일 날 엄마, 아빠 만날 때 당당하려고 더 열심히
했어. 한 가지 아쉬운 점은 나는 열심히 하는데도 성과가 안 나와
서 불안한데 옆에 있는 언니는 성과도 잘 내고 있어서 부럽고 자
꾸 그 언니와 비교하게 되는 거야. 이런 스트레스도 받지 말고 공
부에 집중해야 하는데….

아빠, 나는 다른 사람보다 머리도 안 좋고 느리지만 포기하지
않고 **목숨 걸고 열심히 해서 이번에 꼭 합격할게.** 작년 이맘때 아
주 낮은 성적이었지만 시행착오를 많이 겪어 봤으니까 더 위로 올
라갈 수 있을 거야. 영어 때문에 불안하고 속상하지만 두려워하
지 않고 긍정적인 생각만 하면서 열심히 하도록 할게.

그리고 요즘 아빠와 석현이도 더 가까워지고 아빠를 존경하는
거 같아서 정말 기뻐. 석현이도 지금 한창 자신의 미래에 대해 걱
정이 많을 텐데 아빠랑 대화도 많이 하고 뭐든 열심히 해서 더
잘 컸으면 좋겠어. 아빠가 걱정이 많았는데 요즘은 조금 편안해져
서 좋아.

아빠는 **편지 쓰기와 자주 대화하기, 하루에 감사한 일 문자 보내기** 등등 근사한 일들을 참 많이 하는데 나는 솔직히 그렇게 할 수 있을지 모르겠어. 그래도 예전에는 내가 이렇게 열심히 공부할지 몰랐는데 지금 이렇게 하고 있으니 앞으로도 더 아빠를 많이 닮아가겠지? 난 보고 배운 게 그런 거니까.

아빠가 항상 감사 편지를 쓰는 일은 참 좋은 것 같아. 우리는 대화를 많이 하지만 공무원으로서 무슨 일을 하는지 자세히 알지 못했는데 아빠가 어떻게 일하고 어떻게 사는지 잘 알 수 있어서 재미있어. 항상 잊지 않고 쓰는 아빠가 정말 대단해.

아빠, 우리 가정을 너무 잘 이끌어 와 줘서 고마워. 우리가 이렇게 된 것은 모두 아빠의 노력 덕분이야. 우리처럼 서로 좋아하는 가족은 얼마 안 될 거야. 항상 더 행복하고 남들이 부러워하는 가족이 되자. 감사합니다.

아빠, 항상 사랑하고 생신 축하드려요.

2018년 1월 30일
세상에서 가장 근사한 집에서 살고 있는 현지가

불안해하지 말아라

의지가 능력보다 우수하다.

딸은 공부에만 집중해야 하는데 공부를 잘하는 옆 언니가 부럽고 자신은 성과가 나오지 않아 스트레스를 받는다고 했다. 다른 사람보다 능력이 부족하지만 그래도 포기하지 않고 더 열심히 해서 꼭 합격하겠다고 했다.

우와!

생일 아침에 너무나 멋진 선물을 받아서 아빠가 엄청나게 기분이 좋은데? 특히 **"엄마, 아빠가 살면서 건설한 집이 아주 근사하게 지어졌다"**라고 한 말, 정말 멋진 말이다. 어떻게 그런 표현이 나오니?

네 말처럼 우리 집은 다른 어떤 집보다도 더 행복해. 그것은 아빠 혼자의 노력으로는 절대로 안 된다는 거 알지?

의지가 능력보다 우수하다.

현지야, 노력한 만큼 실력이 늘지 않아서 걱정되지?

걱정 안 해도 돼. 누구나 그래. **약점을 극복하겠다는 의지가 능력보다 우수하다고 했어.** 너는 긍정적이기 때문에 잘할 수 있어. 불안해하지 마. 불안해하면 너의 세포는 금방 알고 열정이 떨어질 거야. 아빠가 **능력이나 노력보다 간절함이 중요하다**고 했지?

이런 말 해야 할지 잘 모르겠지만, **아빠 보기에 아직도 너는 간절함이 부족한 것 같아.** 너는 "올해는 꼭 합격해서 아빠 생일날 우리 가족이 정말 근사한 곳에서 아주 여유롭게 보낼 수 있었으면 좋겠어"라고 했어. 나 같으면 "올해는 내가 꼭 합격해서 아빠 생일날 정말 근사한 곳에서 아주 멋진 생일 파티 해 줄게"라고 확정적인 말을 할 거야. 왜냐하면 물러날 곳이 없어야 목숨 걸고 하기 때문이야. 네 말은 이미 실패에 대비하는 듯한 느낌이 들어.

간절하지 않은 말이야.

아빠가 항상 이기는 이유는 목숨을 걸고 하기 때문이라고 했지? 사람들은 나에게 무모하다고 하지만 나는 목숨을 걸고 했기 때문에 재능이 없으면서도 많은 일을 해낼 수 있었던 거야. 다른 사람들처럼 겁먹고, 능력이 없다고 안 해도 될 핑계를 찾았다면 나의 현재는 없었을 거야. 그렇지 않니?

네 옆 언니는 성과가 좋아서 부럽고 그 언니를 의식하게 돼서 불안하다고 했지?

아빠가 공부할 때 다른 사람들은 너무나 잘하는데 아빠는 유치원생 수준이란 생각이 들었어. 그때 포기할까도 생각했었는데 물러설 곳이 없더구나. 슬픈 일이었지….

그래서 그 후부터는 '너희는 많이 아니까 더 올라갈 곳이 없겠지만, 나는 지금 시작이니까 너희보다도 훨씬 더 올라갈 수 있어'라고 나 자신한테 매 순간 얘기를 하면서 포기하고 싶은 마음을 이겨 냈어. 그 안 좋은 상황이 오히려 더 목숨을 걸도록 간절함을 주었다고 생각해. 그것이 없었다면 아빠도 합격하지 못했을 거야.

네가 얼마나 열심히 하는지 아는데… 위로해 주지도 못하고 오히려 독한 말만 하는 것 같구나. 미안해.

그래도 '다른 사람보다 머리도 안 좋고 느리지만 포기하지 않고 열심히 해서 꼭 합격하겠다', '작년 이맘때 아주 낮은 성적이었지만 시행착오를 많이 겪었으니까 더 위로 올라갈 수 있을 거야', '영어 때문에 불안하고 속상하지만 두려워하지 않고 긍정적인 생각만 할게'라고 **부정을 긍정으로 전환하는 능력**은 정말 훌륭해.

  우리 딸, 항상 **'생각도 멋지게, 말도 멋지게, 행동도 멋지게'** 그렇
게 멋지게 살자? 너희는 우리의 소중한 보물이야.
  사랑해.

2018년 1월 30일
모든 것을 긍정적으로 생각할 줄 아는 사람의 아빠가

이석현 자서전 「인생」

고3인 아들이 「인생」이라는 제목으로 자서전을 썼다. 두려움이 많고 끈기가 없는 아들이 자기가 태어나서부터 현재까지 살면서 자신이 잘못했던 모든 것을 드러낸 것이다. 자신의 잘못을 인정한다는 것은 앞으로 발전 가능성이 크다는 얘기다. 아들의 용기 있는 행동에 너무나 감동했다. 이 자서전을 읽고 이제는 아들의 인생을 걱정하지 않아도 되겠다는 믿음이 생겼다.

나의 성장일기 「인생」

2000년 4월 16일 나는 태어났다.

아기 때는 기억이 나지 않는다. 유치원 때 나는 나쁜 아이였다. 부모님 지갑에 손을 대고 친구들 물건을 훔치다 들켜 매 맞은 일이 생각날 정도면 적어도 나는 착한 아이는 아니었던 것 같다.

초등학교에 들어와서도 내 손은 여전히 더러웠다.

부모님 지갑에서 돈을 빼다 쓰는 등 너무도 창피한 일들을 했다. 초등학교 2학년 때 있었던 일이다. 친구들과 놀고 집에 가는 도중 무엇 때문인지는 잘 모르겠지만 장난감 칼로 검은색 자동차, 그것도 비싼 차를 쭉 그어 버렸다. 왜 그랬는지 모르겠다. 나중에 아빠가 잘 해결하긴 했으나 그것은 아직도 의문이다.

초등학교 5학년 때였다.

겨울방학을 앞둔 시점에 교실에 있던 물건을 다 정리하고 애들은 밥을 먹으러 갔다. 나는 왜 그랬는지 모르겠지만 같이 가지 않고 반에 남아 있었다. 다른 친구도 있었는데 그 친구가 갑자기 "지금 아무도 없으니까 돈 훔칠까?" 하며 유혹했다. 처음에는 겁이 났지만 그 말에 동조하고 말았다. 하지만 내 생각과 달랐다. 나는 천 원, 이천 원 정도 생각했는데 그 친구가 갑자기 만 원짜리 여러 장을 꺼내는 것이었다. 나는 놀라 "만 원은 좀 아니다"라고 했는데 그 친구는 웃으며 괜찮다고 했고 나는 바보같이 "그런가?"라고만 했다. 그때 친구들이 올라왔고 지갑을 원래 자리에 두었어야 했는데 계단에 던져 버렸다. 그걸 애들이 보게 되어 결국 돈을 훔친 것이 들통났고, 많이 혼나고 손가락질 받았다. 그때만 생각하면 너무 창피하고 화가 난다. 이것이 가장 돌리고 싶은 과거 중 하나다. 물론 내가 자초한 일이지만 이 일 때문에 내 자존감이 많이 떨어진 것 같다.

중학생 때 나름 성숙한 줄 알았으나 전혀 아니었다.

부모님이 어떻게 생각하시는지 잘 모르겠지만 사실 나는 여전히 나쁜 아이였다. 부모님 앞에서는 무서워 착한 행동을 하고 학교에서는 친구들 놀리고 욕하고 선생님께 비아냥거렸다. 3학년 때 우리 반 아이가 선생님께 대들고 욕하고 담배 피우고 비아냥거렸다. 어느 날 그 애가 떠들고 수업을 방해했다. 욕하고 비아냥거리는 모습이 마치 나를 보는 것 같았다. 그 순간 너무 창피했다. '내가 욕할 때도 다른 사람들 눈에 저렇게 비쳤던 걸까?' 하면서 죄책감을 느끼고 반성하며 저렇게 살지 않겠다고 다짐했다. 반성했다고 그 애와 다르다고 생각하지는 않는다. 과거를 없앨 수는 없으니까.

고등학교 입학 원서를 써야 한다고 했다.
방학 2주 전에야 '아, 이제 나도 준비해야 하는데'라고 생각했다. 인문계는 대학을 목표로 공부하는 학교인데 나는 공부가 하기 싫었고, 잘할 자신도 없어서 인문계가 아닌 공업고등학교를 가야겠다고 생각했다. 나는 중학교 때 공부를 못했다. 아니 안 했다. 주변에서는 "왜 공부를 안 하냐. 넌 하면 잘하지 않냐?"는 말을 하는데 너무 듣기 싫었다. 공부를 안 해서 그런 거겠지만 내 방식대로 공부했는데 성적은 그대로였다. 그래서 일부러 더 공부를 안 하는 척했다. 입학 원서를 넣을 때도 커트라인이 낮은 곳을 알아보았다. 나주공고, 담양공고, 신북공고. 처음에 나는 나주공고를 가고 싶었다. 이유는 딱히 없다. 내가 진짜 가기 싫은 곳은 구림공고였다. 초등학교 때 이곳은 이미지가 좋지 않았기 때문이다. 가고 싶었던 나주공고가 들어가기 어렵다고 해서 덤벼 보지도 않고 포기했다. 내가 고쳐야 할 것 중 하나가 해 보지도 않고 포기하는 것이다. 그렇게 포기하고 다른 곳을 알아보는데 구림공고에 한옥건축과가 있었다. '한옥? 한옥이면 나무로 집을 짓는 건데 또 전국 최초라네?' 나는 '손재주가 참 좋다'라는 말을 많이 들었다. 처음에는 가기 싫었는데 나중에는 너무 가고 싶었다. 그 이유는 내 성적이 정말 낮았기 때문이다. 내신 94%, 100명 중 94등이라는 것이다. 당연히 합격할 줄 알았는데 성적이 낮으면 떨어질 수 있다고 해서 또 걱정했다. 다행히 합격해서 구림공고에 다니게 되었다.

고등학교 입학 후 초반 나쁘지 않았다.
학교는 다니는데 친구가 별로 없었다. 중학교 때는 초등학교 때 같이 올라온 애들이 있어서 처음 본 애들과도 쉽게 친해졌는데 고등학교 때는 그게 너무 어려웠다. 내성적인 성격 때문에 외로웠지만 그렇지 않은 척했고, 친구들이 대화하는 것을 보면 부러웠지만 안 그런 척했다. 친구들이 인사해도 잘 못 받고 말을 걸어도 대답을 못했다. 아직도 혼자이지만 지금은 너무 다행이라고 생각한다. 거리를 둬야 하는 애들이 많기 때문이다.

캐드 자격증을 취득했다.

고2때 선생님께서 전산응용건축제도기능사 공부를 하라고 했다. 이게 뭔지도 모르는데 하라고 해서 했다. 기말고사가 끝나 친구들이 영화를 볼 때 나는 혼자 공부했다. 고등학교 들어와 스스로 공부를 처음 한 것이다. 처음에 왠지 한 번에 합격할 것 같았으나 예상은 빗나갔다. 시험 보고 나오면서 다 포기하고 싶었다. '왜 떨어졌지? 왜 이렇게 어려운 거야. 짜증난다'라고 생각했다. 아무한 테도 말하지 않고 두 번째 시험 일자를 확인하고 이번엔 더 열심히 하자고 했지만 마음처럼 쉽지 않았다. 합격할 줄 알았는데 또 떨어져서 포기하고 싶었지만 지금까지 한 게 너무 아깝고 포기하면 창피하기 때문에 그만둘 수 없었다. 세 번째 시험 일자를 알아보고 공부를 더욱더 열심히 했다. 이번에 떨어지면 포기해야 하기 때문이다. 세 번째 시험을 봤다. 파란 글씨로 '합격'이라는 글씨 를 봤을 때 너무 좋았다. '포기하지 않으면 불가능은 없다'라는 말이 떠올랐다.

필기시험에 합격하고 나는 긴장을 놓았다.

선생님께서 실기는 껌이라고 해서 '엄청 쉬운가 보다'라고 생각했는데 너무 어 려웠다. 연습을 하려는데 문제가 있었다. 그때가 봄방학하기 전이어서 수업을 안 해 주었다. 처음에는 다 선생님 탓이라고 생각하고 화가 나서 따지고 싶었 는데 생각해 보니 '나 혼자서도 충분히 할 수 있었고 선생님이 하라고 하기 전 에 했으면 이런 일이 없었을 텐데…'라는 생각이 들었다. 그래서 학교가 끝나 면 혼자 연습했고 봄방학 때도 학교에 가서 연습했다. 방학 끝나고 모르는 것 을 선생님께 여쭤 봤는데 열심히 알려 주셨다. 선생님도 자격증이 없어 책을 보고 모르는 것은 친구나 선후배한테 물어서 알려 주셨다. 그때는 정말 감동 이었고 살짝 죄송했다.

실기 시험 일자를 봤다.

준비가 덜 된 상태여서 겁이 났지만 '경험이 최고의 스승이다'라는 아빠 말씀이 생각나 시험을 봤다. 중간에 기권하고 나왔지만 왠지 다음에는 합격할 것 같았 다. 두 번째는 더 열심히 했다. 아침 8시 20분에 컴퓨터실에 도착해서 50분까 지 연습했다. 며칠 전에는 선생님이 여태까지 신경 못 써 줘서 정말 미안했다 고 하셨다. 그전에는 선생님이 싫었지만 이 말을 듣고는 왠지 감사했다. 그렇게 해서 두 번째 시험을 봤고 결국 합격했다. '내가 살면서 이렇게 열심히 한 적이 있었나?'라는 생각이 들었다. 단지 합격해서 기쁜 것이 아니라 내가 도전한 결과가 성공적으로 끝나서 너무나 기뻤다.

목공기능사 자격증을 취득했다.

처음에는 열심히 하지 않고 시간이 아까워 조금씩 했다. 그런데 내가 다른 애들보다 잘했고, 잘하다 보니 따라잡히기가 싫어 더 열심히 했다. 선생님이 "30년 동안 너처럼 열심히 하는 학생은 처음 본다"라고 해서 믿기지 않았고, 내가 정말 고마웠다. 나중에는 친구들이 질문도 많이 했고 가르쳐 줄 수 있어서 좋았다. 모두가 열심히 해서 우리 반 친구 전체가 자격증을 취득했다.

다이어트 100일 미션을 성공했다.

6월 10일 새벽까지 아빠와 대화를 했다. 살을 빼고 싶은데 알바하며 폐기 음식을 먹어 살 빼는 것이 힘들다고 하자 아빠가 도와주겠다고 했다. 우리의 목표, 나는 82.8kg에서 70kg으로, 아빠는 65.8kg에서 60kg으로 감량.

아침 6시에 일어나 집에서 간단히 근력 운동을 하고 테니스를 했다. 처음에는 힘들었으나 점점 실력이 늘고 주변에서 잘한다고 칭찬해 주셔서 차츰 더 재미있었다. 처음에 음식을 조절하지 못했다. 시간이 많이 남아서 방학 때부터 열심히 하겠다고 다짐했다. 방학하고는 아침과 점심만 조금 먹고 저녁을 굶었다. 아침에는 아빠와 하고 저녁에는 혼자 열심히 해서 방학 25일 만에 73kg까지 뺐다. 방학 끝나고 학교에 가자 친구들이 살을 너무 많이 뺐다며 놀랐다. 너무 기분 좋았고, 나 자신이 정말 대단하다고 느꼈다.

위기가 왔다. 5일밖에 안 남았는데 몸무게는 75kg이나 나갔다. 포기하고 싶었으나 실패하면 나는 물론이고 아빠가 크게 실망할 거라는 것을 알기 때문에 포기할 수 없었다. 밥을 한 끼도 안 먹고 과일만 먹으며 운동을 더 열심히 해서 목표 100일 만에 69.3kg까지 빼서 성공했다. 그리고 아빠도 성공했다. 너무 좋아서 우리는 부둥켜 안고 환호성을 질렀다.

처음에는 단순히 살을 빼기 위해 시작한 일이지만 지금 보면 살만 빠진 것이 아니라 나와 아빠에게 엄청난 추억거리가 생겼고, 주변 사람들한테 의지가 강하다는 인상도 주었다. 100일 미션도 성공했지만, 하는 과정에서 너무나 재미있었고 행복했다. 새로운 기록을 깰 때마다 느낀 그 희열은 지금까지 한 번도 느껴 보지 못한 것이었다. 100일 미션을 하며 아빠와 많은 대화를 할 수 있었고, 아빠가 나에 대해 신뢰가 더 커진 것 같아 좋았다. 이것은 아들과 아빠가 만든 기적이라고 생각한다. 지금까지 내가 한 일 중에 가장 잘한 일이다. **어떤**

것을 하는 것도 중요하지만 누구와 하는가가 정말 중요한 것 같다. 혼자 했으면 일주일 정도 하고 포기했을 텐데 아빠가 같이 해 줘서 성공했다. 앞으로는 어떠한 도전도 할 수 있을 것 같은 자신감도 더 생겨서 나 자신에게도 감사하다.

앞으로 도장기능사 자격증도 취득할 계획이다.
나는 전산응용건축제도기능사와 건축목공기능사 자격증 2개를 가지고 있다. 3학년 1학기 때부터 도장기능사를 취득하고 싶어 선생님께 여러 번 말씀드렸는데 나 말고도 하고 싶어 하는 애들이 많아서 가위바위보를 해야 한다고 그러셨다. 도장을 할 수 있는 기회는 2번이나 있었지만 가위바위보를 져서 하지 못했다. 오늘 인터넷에서 찾아보니 올해 시험이 한 번 더 남았으니까 기회는 있다. 그리고 이번에도 남들보다 두 배, 세 배로 열심히 해서 꼭 취득할 것이다. 이 학교에 온 가장 큰 이유는 취업이라고 생각한다. 자격증이 여러 개 있으면 조금이라도 더 좋은 곳에 취업할 수 있을 것이다.

몇 개월 뒤 졸업을 하면 먼저 군 문제를 해결하고 싶다. 군 문제가 해결되면 직장을 다니고 내 인생에 큰 변화가 있을 것이다. 나는 혼자 있는 것을 좋아한다. 하지만 외로움을 많이 탄다.

나는 아직 꿈이 없다.
언젠가 생길 꿈, 미리 힘들게 생각하고 싶지 않다. 하고 싶은 것이 있으면 노력해서 하면 된다. 나는 모험을 하는 성격이 아니지만 하고 싶은 것이 생긴다면 무조건 도전할 것이다. 실패와 성공은 천지 차이지만 도전이 없다면 아무것도 얻을 수 없기 때문이다.

2018년 9월 20일 이석현

새로운 왕국을 건설하는 딸에게

2019년 이현지 임용

[이현지 합격]

기적이 일어났다. 아니 기적을 만들어 냈다.

딸이 고등학교 졸업 다음 해에 도저히 불가능할 것 같던 공무원 시험에 합격했다. 딸이 합격해서 감사하고 행복하지만, 너무나 어리고 덜렁대는 딸이 직장생활을 잘할지 걱정이 되었다. 어떻게 하면 직장생활을 잘할지 내가 공무원을 하면서 거쳤던 시행착오를 생각하며 중요하다고 생각하는 것들을 정리해 주었다.

사랑하는 우리 딸 현지야, 너무 너무 좋다.

안 될 것 같다고 펑펑 울며 전화했던 것이 엊그제 같은데 당당하게 공무원 시험에 합격해 줘서 정말 고마워.

아빠가 합격한 것보다도 몇백 배 더 행복했고, 서울대학에 합격한 것보다도 훨씬 더 행복했어.

네가 말한 것처럼 너는 이번에도 '아빠의 선택을 옳은 선택으로 만들어 준' 세상에서 가장 멋진 딸이야.

어린 학생이던 네가 어느새 아빠의 동료가 되었네?

너는 성격 좋고 활발하지만 직장생활을 처음 하면서 걱정되는 부분이 있을 거야. 잘할 것이라고 믿지만 너에게 조금이나마 도움이 되었으면 하는 마음에서 이렇게 글을 쓰게 되었어. 이 글은 직장생활뿐만 아니라 인간관계에서도 큰 도움이 될 거야. 말로 하면 그때는 기억하겠지만 금방 잊어버리고 매번 말해 줄 수 없기 때문에 글로 쓰는 것이 좋겠다고 생각하고 몇 달간 고민하면서 정리했어. 중요한 부분을 요약해서 자주 들여다봐라.

절대긍정을 해라.

절대긍정을 하면 성장과 성취, 행운과 기적, 성공과 행복이 날마다 눈에 보이고 세상이 천국이 되더라.

많은 사람들이 절대긍정을 하면 자기 말에 대해 책임져야 한다는 부담감 때문에 그렇게 못하는 경우가 많아. 아빠도 그랬으니까. 어려서부터 정직하고 솔직해야 한다고 배워 왔기 때문에 그렇게 하지 않으면 비난받을까 봐 절대긍정을 못하는 경우도 있을 거야. 사람은 살면서 배운 법이나 도덕과 다르면 이성보다도 감정이 먼저 불편함을 느끼게 돼. 자신의 생각과 다른 자극을 받게 되면 감정은 본능적으로 그것을 거부하고 이성은 핑계를 만들지. 똑같은 음식도 사람마다 느끼는 맛이 다르고, 같은 물건을 보더라도 느끼는 것이 다르듯이 생각도 다르다는 것을 알지?

'**세상에 영원히 옳은 것도 영원히 틀린 것도 없다**'라는 생각을 항상 해야 해. **생각의 유연성.**

사고와 행동의 유연성은 부정적으로 보면 우유부단하고 결단력이 없어 보일지 모르지만, 긍정적으로 보면 생각이 깊고 신중하다는 의미야. 아빠가 깨달은 바에 의하면, 처음에 "아니오"라고 한 후에 나중에 "예"라고 하는 것과 "예"라고 한 후에 "아니오"라고 하는 것 중 어느 것이 더 좋은가를 실천해 본 결과는 당연히 처음에 "예"라고 하는 것이었어. 물론 "아니오"라는 말 대신 다른 말을 쓰면 금상첨화지. 우리나라 말에는 "아니오"라는 의미의 말이 수없이 많아.

"**오메**", "**으짜께라?**", "**곤란하네요**", "**안타깝네요**", "**어렵네요**" 등등 아무 말 하지 않는 것도 한 방법이야.

절대긍정을 하면 기적이 일어난다고 아빠가 말했지?

자기 말에 대한 책임감 때문에 최선을 다하게 되고 그러다 보면 대부분의 문제가 해결되지. 안 되더라도 상대는 최선을 다한 것만

으로 더 크게 감동하더라.

조금 더 보충하기 위해 아빠가 썼던 글로 대신할게.

사정의 진정한 의미

– 사정(事情): 어떤 일의 형편이나 까닭을 남에게 말하고 무엇을 간청함.

사정하는 것은 창피하고 비굴한 행동인 줄 알았다.
사정하면 무능하고, 부끄럽고, 비겁한 줄 알았다.
그래서 무서워도 안 무서운 척, 몰라도 아는 척, 없어도 있는 척, 척척척했다.

(중략)

사정하지 않기 위해서 능력을 키웠다.
법과 원칙, 논리적으로 사람을 대했다.
나는 대부분 옳은 말과 행동을 했다.
갈수록 자신감이 커졌다.
거의 사정을 하지 않고 살았다. 몇십 년간.
내가 능력 있는 사람인 줄 착각했다.

느낌이 이상했다.
능력이 커질수록 문제 해결이 쉬워져야 하는데 더 어려워졌다.
많은 노력을 해야 원하는 것을 겨우 얻을 수 있었다.
더 많은 법과 원칙을 주장해야 했고, 명분과 논리를 개발해야 했다.
나이가 먹고 지위가 올라갈수록 더 힘들었다.
이런 생활이 반복될수록 지쳐갔다.
나를 따르고 지지해 주는 사람은 갈수록 적어지고 나를 경계하고 공격하려는
사람들은 많아졌다.
전투는 항상 이기는데 전쟁에는 항상 지는 것이다.

뭔가가 잘못됐다.
잘못이 아니더라도 내가 힘들기 때문에 힘들지 않은 방법을 찾아야 했다.
'생활의 문제'가 아니라 '생존의 문제'이다.

문제에는 답이 있다.

잘못 배웠다.

법과 원칙대로 하는 것은 능력 있는 것도, 누구에게도 좋은 것이 아니었다.

사정하는 것은 비굴한 것도, 부끄러운 것도 아니었다.

법과 원칙을 좋아할 사람은 아무도 없다.

법과 원칙을 듣는 순간 누구나 기분 나빠진다.

법과 원칙대로 했을 때 원하는 것을 얻지 못하는 사람들은 속으로 욕하면서 속된 말로 '다음에 한 번 두고 보자'라고 복수를 생각하게 된다.

맞는 말하면 맞는다고 했다.

'법과 원칙을 말하는 것은 적을 만드는 일'이었다.

능력 있다고 착각했던 일들은 모두 나의 적을 만드는 행동이었던 것이다.

수십 년 동안 잘못 배운 것 때문에 수많은 적을 만들었던 것이다.

바꼈다.

'법과 원칙대로'에서 '법과 원칙 중심'으로.

'절대긍정' 후에 다시 한 번 생각해 보고 "우짜께라우?", "곤란하네요?"로 말하는 방법을 바꼈다.

문제를 해결해 주지 못해도 상대방은 절대로 기분 나빠하지 않고 오히려 고마워했다.

'나의 적'이 아니라 '나의 편'이 되어 주었다.

'대로'를 '중심'으로 바꾸니까 '적'이 '편'이 되는 기적이 일어났다.

문제가 훨씬 쉽게 풀렸다.

원칙대로 했을 때는, 10개를 얻으려면 10시간을 노력했으나, 사정하면 1시간만 해도 얻을 수 있었다.

'10시간 → 1시간'

'사정이 삼촌보다 낫다'라는 말이 있다.

사정만 잘해도 웬만한 것은 해결이 된다는 말이다.

사정하는 것은 비굴한 것이 아니라, 상대방에 대한 존중의 표시다.

법과 원칙대로 하면 내가 얼마든지 이길 수 있지만, 이기지 않고 사정을 한다.

사정은 마법이다.

사정을 하는 곳이 모두 천국이 되었다.

천국을 찾고 천국에 가려고 착한 일을 했었는데 사정을 해 보니까 그곳이 천국이 되었다.

모든 문제의 첫 번째 해결책으로 "진심 어린 사정"을 하겠다.

사정을 하고 또 하고 또 해도 안 될 경우에는 어쩔 수 없이 원칙을 얘기하겠다.

이것이 모든 문제 해결의 '최고의 답'이고 모두가 함께 이길 수 있는 올윈(All-WIN)이고 '유일한 답'이라는 것을 명심하고 사정하는 능력을 날마다 개발하겠다.

사정할 줄 아는 사람이 최고의 리더라는 것을 명심하고 항상 배우고 익히고 실행하겠다.

사정은 '모든 사람을 행복하게 해주는 최고의 방법'이다.

이것이 '사정의 진정한 의미, 마법'이다.

자신만의 아부를 개발해라.

아부란? 사전적 의미는 '남의 비위를 맞추어 알랑거림'이란 뜻으로 부정적인 의미야.

나는 학창시절에 아부를 경멸했어. 그러면서 옳은 말과 바른 행동을 해야 한다는 명분 아래 다른 사람에게 상처를 주는 일을 서슴없이 해 왔어. 그것이 용기이고 정의를 실천하는 것이라고 착각했지. 대단히 이기적이고 나쁜 행동이었어.

아부하는 사람은 손해 보지도 않고 야단맞지도 않아. 아부에 대해 경쟁자는 부정적으로 보거나 실력으로 인정하지 않을지 모르지만 상사는 그것을 좋아하고 인정한다는 거야. 적에게도 아부는 먹힌다고 했어. 상대가 적일지라도 아부를 하면 적마저도 나의 능력을 인정해 준다고 스스로를 대단한 사람이라고 생각하면서 아부하는 사람을 도와주고 싶은 마음이 생긴다는 거야.

그래서 나는 아부에 대해 재정의했어.

아부란 '상대를 존중할 만한 가치가 있는 인물로 만들어 주는 구체적인 행동, 사람을 기분 좋게 해 주는 모든 것'이라고. 그보다 사람을 사랑하는 마음이 먼저겠지?

누군가 마땅히 받아야 할 것 이상으로 도움을 제공하는 기술이고 모든 사람들이 바라는 것.

인간관계를 원활하게 해주는 윤활유.

상대를 존중하는 것을 아부라고 할 수 있는가?

이해하는 것이 아부인가?

좋은 생각과 좋은 말과 행동을 하는 것도 아부요, 웃는 것, 옷을 잘 입는 것, 화장하는 것, 예의 바른 것, 선물을 주는 것, 감사하는 것, 부탁을 잘 들어주는 것, 사과를 하는 것, 일을 빨리 하는 것, 더 잘하는 것, 존재감을 느끼게 해 주는 것 등 이 세상의 모든 긍정적인 것들은 모두 아부라고 해도 죄를 짓는 일은 아닐 거야.

모든 문제는 인간관계에서 생기고 해결된다고 했어.

가족이나 친구, 사랑하는 연인이 잘못을 저질렀을 때, 처벌받아야 한다고 고발하는 사람이 과연 몇 명이나 있을까? 내 편을 공격하기란 정말 어려운 일이지. 오히려 감싸 주고 싶은 것이 사람이야.

다른 사람을 내 편으로 만들기 위해서는 먼저 내가 그 사람의 편이 되어 주어야 하지? 그 사람 편이 되기 위해서는 잘 경청해 주어야 한다고 했어.

아무리 틀린 말을 하더라도 '절대긍정'을 하고, 들어주는 과정에서 가끔씩 그 사람 말을 따라 해 주면 더 좋아하지? 그 사람 말이 옳다는 표정으로 다른 사람을 욕하면 같이 욕해 주고 열이 식을 때까지 그 사람의 편이 돼 주어야 해. 인정받지 못하는 것만큼 슬픈 일도 없다는 거 알지? 그 사람 말을 인정하고, 존중하는 듯한 반응을 해 주면 그 사람은 나를 자기 편으로 생각하고 좋아하지. 그 사람은 이제 내 편이 된 거야. 이제 그 사람에게 내가 당초에 의도했던 말을 돌려서 얘기해도 그 사람은 내 편에서 해결책을 찾아줄 거야.

옳고 그름을 따져서 상대를 이기면 상대는 반드시 내 적이 되어 다시 나를 공격하기 위해 준비를 하지만, 상대를 내 편으로 만들어 상대와 같이 이기게 되면 상대는 항상 내 편이 돼서 나를 칭찬해 주고 보호해 주는 최고의 홍보대사가 돼.

『손자병법』에 가장 위대한 승리는 싸우지 않고 이기는 승리라고 했어. 아빠가 살아보니 그보다 훨씬 위대한 승리는 '적을 내 편으로 만드는 승리'더라.

법은 다른 사람을 도와주기 위해서만 연구하라고 했어. 법을 연구하여 옳고 그름을 아는 것은 기본이고, 경청과 존중의 기술, 동조와 공감, 사정과 감사의 기술 등 많은 것을 더 배워야 할 거야. 이것은 투자비용이 얼마 들지 않으면서 아주 큰 성과를 얻을 수 있지.

"나는 아부를 못해서…"라는 말은 용기 있다는 말이 아냐. 비겁하고, 무능력한 사람들의 핑계야. 그런 사람도 궁지에 몰리면 간절해지더라. 그게 아빠야. 알지?

리처드 스텐걸은 그의 책 『아부의 기술』에서 **"아부는 과학이다"**라고 했어. 사람의 마음을 잘 알고 기분 좋게 해 주는 것이고, 세상을 이롭게 한다는 말 아닐까?

다른 사람들이 거부하지 않을, 다른 사람도 좋아할 너만의 아부를 개발하는 것이 좋을 것 같구나.

적자생존이다.

적자생존(適者生存)의 사전적 의미는 '환경에 가장 잘 적응하는 생물이나 집단이 살아남는다'는 의미야.

나는 '적자생존'의 의미를 **'적는 자가 살아남는다(記者生存)'**고 **재정의**했어.

과거에 지식반감기가 50년이었다면 21세기는 반년이 안 되는 것도 있대. 과거 지식만으로는 새로운 지식을 가진 자와 경쟁해서 절대로 이길 수 없겠지?

동시에 출발한 사람들 중 배우는 사람과 배우지 않은 사람은, 처음은 별 차이가 안 날지 모르지만 시간이 지날수록 거리는 기하급수적으로 멀어져서 그 차이는 무엇으로도 극복할 수 없게 돼. 별로 능력이 없는 아빠가 이렇게까지 된 이유를 너는 알지? 아무 생각이 안 나더라도 일단 쓰기 시작하면 새로운 생각이 떠오르더라?

매일 감사일기 쓰기부터 시작해서 해야 할 일과 잊지 말아야 할 일, 생활하면서 느낀 좋은 일과 안 좋은 일, 감동, 슬픔 등을 기록하는 것부터 천천히 시작해 봐.

적자생존의 습관은 어쩔 수 없이 하기 싫은 것을 하는 행위가 아니라 **천국을 만들어 가는 행복**한 일이었어.

적자생존은 당연하고, 억자생존(憶者生存), 행자생존(行者生存)이 더 중요하다는 거 알지?

조삼모사다.

조삼모사(朝三暮四)란? '간사한 꾀로 다른 사람을 희롱하는 사람', '원숭이와 같이 어리석은 사람'을 의미해.

나는 '**원숭이는 아주 현명한 사람을 대표한다**'는 뜻으로 재해석했어. 원숭이를 어리석다고 생각한 인간이 훨씬 더 어리석은 거야. 원숭이는 본능적으로 표현했지만, 똑똑하다고 착각한 인간은 원숭이를 어리석다고 비웃음으로써 자신의 어리석음을 드러내고 있는 거야.

솔직히 말해 볼까? 누군가에게 받을 돈이 있다면, 아침에 일찍 받는 것이 좋을까? 아니면 자정이 다 되어 받는 것이 좋을까? 99%는 아침에 주면 좋아할 거야.

공직생활을 하면 수없이 많은 사람과 어떤 것을 주고받을 거야. 물건과 대화뿐만 아니라 요구 자료 등 동료와 민원인, 상급 기관과 주고받는 관계를 반복하게 돼.

여기서 조삼모사라는 지혜를 활용하는 사람과 그렇지 않은 사람과는 엄청난 차이가 날 거야.

일 잘하고, 긍정적이고 적극적인 사람이라는 자신의 부가가치를 높이는 최상의 방법이 될 거야.

이왕에 해 줄 거면 먼저 하고, 이왕이면 더 좋게 해 주고 더 친절하게 해 주고, 알아서 해 주는 것은 쉽지만은 않은 일이지. 하지만 조금이라도 실천하면, 하겠다고 생각만 하더라도 하지 않은 사람과 큰 차이가 날 거야. 이렇게 하는 사람이 다른 사람보다 특별대우를 받는 것은 그 사람의 노력에 대한 당연한 보상 아니겠니?

인사는 만사다.

첫인상을 바꾸는 데는 몇 년이 걸린다는 거 알지?

첫인상을 결정짓는 데는 8초밖에 걸리지 않는대.

밝은 목소리로 **누구에게나 볼 때마다 인사**를 하면 모든 사람들이 너를 좋아할 거야. 5분 전에 만났어도 다시 미소 짓고 말을 걸어 봐. 처음에는 상대도 어색해할지 모르지만, 상대는 자신이 존중받고 있고 존중받을 만하다고 생각하게 되지. 그러면서 나를 좋은 사람이고 자신을 알아주는 훌륭한 사람이라고 생각할 거야.

사무실에 들어가면서 밝은 목소리로 애교스럽게 인사해 봐. 그런 사람을 싫어할 사람은 한 사람도 없을 거야. 여성의 애교는 좋은 인상을 주고 도와주고 싶은 마음을 이끌어 내고, 문제의 성패에 35%의 영향을 미친대. 남자의 애교는 15%의 영향을 미친다고 하더라? 1% 차이로 당락이 결정되는 중요한 문제에 15%나 영향을 미치는 애교를 개발하고 노력하는 것은 당연한 거겠지? 그래서 아빠도 그렇게 했어. 효과는 말 안 해도 알겠지?

법과 원칙보다도 훨씬 쉬운 애교를 개발하는 것이 더 노력해야 할 분야 아니겠니? 아빠가 가장 개발해야 할 부분이 사정하는 능력과 사정을 들어주는 능력이라고 여러 번 얘기했지? 네가 신입사원일 때는 사정하는 능력을 키우는 데 더 비중을 두어야 할 거야. 상사나 선배에게 도움을 받을 수밖에 없는 것이 신입사원이지. 상사나 선배가 신입사원에게 가르쳐줘야 할 의무는 없어. 그 사람들도 수많은 노력과 경험을 통해 배운 거야.

세상에 공짜는 없다. 대가 지불의 법칙이다.

소중한 것을 얻으려면 대가를 지불해야 해. 상냥한 말투와 태도는 기본이고, 커피나 작은 선물을 준비하면 더 좋지. 그러면 자기 일처럼 도와줄걸? 상냥한 미소에 1분만 투자하면 1,000배의 시간이 절약되고 네 인생에 고속도로가 열릴 거야. 그러면서 너를 훌륭한 사람이라고 높이 평가할 것이고. 왜냐하면 그렇게 하는 사람들이 별로 없기 때문이지. 희소가치에 대해 잘 알지?

너의 최고의 고객은 직속상관이다.

어느 부서에서 일을 하든지 너의 팀장님과 실과소읍면장님은 영원히 너에 대해 말하고 다닐 거야. 그러면 당연히 좋은 말을 해주면 좋겠지?

'직장 보고 들어왔다가 상사 보고 떠난다'라는 말 아니?

사람들은 이 말을 듣고 상사가 나쁜 사람이라고 생각할 수 있어. 물론 천에 한 명 정도는 그럴 수도 있지. 그러나 아무리 나쁜 사람도 자신을 좋아해 주는 사람을 싫어하는 사람은 없어. 도덕적으로 나쁜 사람이라고 하는 사기꾼, 강도, 살인자도 자신들이 좋아하는 사람은 있어.

요즘은 덜하지만 20여 년 전만 해도 '리더십'이 큰 이슈였어. 모든 조직이 잘되고 못되는 것은 리더에게 달려 있다는 거야. 그러면서 일이 잘못되면 직원들은 자기 책임은 전혀 없다는 듯이 상사에게 책임을 전가하는 분위기가 돈 적이 있었어. 그런데 그런 생각을 하는 사람들은 영원히 머슴근성으로 세상을 살더라?

최근 들어 강조되는 부분이 '팔로워십'이야.

훌륭한 리더는 훌륭한 참모가 있어야 가능하다는 거지.

유비도 제갈공명이 있어서 천하를 통일할 수 있었어. 리더보다도 수십 배 **훌륭한 팔로워가 돼서 상사를 훌륭한 리더로 만들어 주어야 한다**는 거야. 처음 직장생활을 하는 너는 제갈공명 같은 팔로워가 되기보다는 **애교와 질문이 최고의 팔로워십이 될 거야. 물론 그것이 스스로 리더가 되는 것이고.**

팀 전체의 일에는 네가 먼저 **"팀장님 제가 해야 할 일 있나요? 혹시 시키실 일 없으세요?"** 라고 물어만 봐도 너를 좋아할 거야. 그런 사람이 별로 없기 때문이지. 네가 책임져야 한다는 걱정은 하지 않아도 돼. 너에게만 일을 맡기고 모든 책임을 지라고 하는 상사는 극히 드물어. 네가 그런 말을 하면 상사는 오히려 모든 책임을 져줄 것이고 너의 문제를 자기 일처럼 해결해 줄 거야.

대부분의 사람들이 다른 사람의 일을 하게 되면 자기 일이 많아져서 사생활을 즐기지 못할 거라고 생각하지? 다른 사람들은 편하고 행복한데 나만 일이 많아 불행하다고 생각하기 쉬워. 그것은 착각이야. **'같이의 가치'** 알지? 동료가 일이 많아 힘들어할 때 너만 일이 없으면 맘이 편하지 않지? 같이 힘들어해 주고 아파해 주는 것만으로도 상대는 너를 정말 좋아할 거야. 어렵고 힘든 일을 같이 하면 정이 훨씬 돈독해지고 재미가 있거든. 인생에서 진정한, 그리고 지속 가능한 행복은 목표를 달성했을 때가 아니라 문제를 해결해 가는 과정에 있다는 것. 좋은 사람과 함께하면 더욱더 좋고.

'훌륭한 상사를 만나는 것은 행운'이란 말 들어봤니?

인간 생활에서 잠자는 시간을 제외하면 직장에서 가장 많은 시간을 보내. 그곳에서 훌륭한 상사를 만나면 얼마나 좋겠니? 그런데 그러기란 쉽지 않아. 그래서 훌륭한 상사를 만나는 것은 행운이라고 하는 거야.

현지야, **행운이 오지 않으면 만들면 되지 않겠니?** 너의 상사가 훌륭한 상사가 아니면 훌륭한 상사가 되도록 네가 만들어 주는 것이 더 쉽지 않겠어?

더 재밌는 건 훌륭한 상사를 만나는 것은 행운이지만, **'훌륭한 부하를 만나는 것은 기적'이라고 했어.**

상사 입장에서 직원이 일 잘하고 성격도 좋으면 얼마나 좋겠니? 그런 사람 만나기란 기적이라는 거야. 아예 포기하라는 말이지. 그런데 네가 상사에게 그런 기적을 만들어 드리면 어떠니? 어렵다고 생각하지 마. 그렇게 하겠다는 마음을 먹고 생활하면 너의 상사는 네가 훌륭한 부하라고 생각할 거야. 그런 사람이 별로 없기 때문이지. 우리 같이 한번 해 볼까?

일은 예술이다. 즐기겠다고 생각하면서 해라.

놀면서 느끼는 쾌감은 순간이고 비용이 들지만, 일하면서 즐기는 행복은 비용이 들지 않으면서 성실하다는 평가를 받고, 영구적이고, 충만감을 주고, 동료들과 우정이 두터워지면서 확대 재생산하는 보상을 받게 되지.

몇 달, 몇 년은 다른 사람보다 더 힘들게 일한다고 생각할 수 있어. 그런데 그렇게 하면 바위에 이끼가 끼듯 너의 능력은 너도 모르는 사이에 엄청나게 커질 거야. 그것은 공무원 생활 전체로 봤을 때, 아니 인생 전체를 두고 보더라도 그 어떤 것보다도 투자 효과가 크다?

매일 대가를 바라지 않고 다른 사람보다 1시간을 더 하겠다고 하면 나중에는 1,000배로 보상받게 돼 있어. 예술작품의 가치는 마지막 점 하나에서 엄청나게 차이가 난다는 거 알지?

끝날 때까지 끝나지 않았다는 것을 명심하고 네가 하는 모든 것을 즐기겠다고, 예술작품을 만든다고 생각하며 해 봐. 물론 인간은 감정의 동물이기 때문에 매 순간을 그렇게 한다는 것은 어렵지. 그러나 그렇게 하겠다는 생각만으로도 너는 일에 대해서 스트레스를 덜 받게 되고, 받더라도 덜 힘들고 더 빨리 해소가 될 거야.

뛰는 놈 위에 나는 놈, 나는 놈 위에 노는 놈이 있다고 했지? 뛰는 놈과 나는 놈은 능력이 있는 사람을 의미하고, 노는 놈은 즐기는 사람을 의미한다는 거 알지? 모든 것을 예술이라고 생각하고 즐기면 능력 있는 사람들보다도 훨씬 더 큰 가치를 만들어 낼 수 있을 거야.

이런 생각을 하는 사람도 앞에서 말했던 사람들처럼 처음과 끝의 차이는 엄청나게 되지.

상사의 손은 내 손보다 크다.

모든 상사들은 아무리 무능해 보여도 네가 생각하는 것보다도 훨씬 쉽고 좋은 해결책을 많이 가지고 있어.

능력은 여러 가지라는 거 알지? 실무는 너보다 못한 것처럼 보일 수도 있지만, 그동안 살아오면서 한 많은 경험과 사람들을 통해서 너보다는 더 많이, 더 쉬운 방법을 알고 있을 거야. 네가 10일 걸릴 일을 상사는 1시간에도 해결할 수 있어.

신입사원들은 일을 배울 때 전임자가 했던 방식을 따라 하지. 그땐 분별력이 약하기 때문에 전임자가 틀린 것도 모르고 틀린 방법으로 계속하게 되는 경우가 많아. **틀린 것에 최선을 다하는 것처럼 최악인 것은 없어.** 전임자가 했던 것을 공부하는 것은 기본이고 항상 "팀장님 제가 잘 모르겠는데 이거 어떻게 해야 하나요?"라고 물어만 봐도 기분 좋아하며 멋지게 스케치해 줄 거야.

팀장님 과장님과 함께 다녀라.
'큰 떡이 콩고물이 많다'라는 말 아니?

처음 직장생활을 하면 편한 것이 좋을 수 있지. 그래서 대부분 신입사원들은 친구나 동료들과 대화를 많이 하지. 그러면 배우는 것은 그렇게 많지 않을 거야.

상사들은 직장생활을 해온 수 십 년간 법령집에도 없는 많은 일들을 해결하면서 자신만의 수많은 노하우를 축적해 왔어. 그 경험들은 책을 읽고 배울 수 없는 엄청나게 가치 있는 지혜들이지. 네가 묻지 않아도 당신들이 사람을 대하는 순간순간 그것이 드러나게 되어 있어. 상사들과 함께 다니면 너는 그것을 비용을 전혀 지불하지 않고 아주 쉽게 네 것으로 만들 수 있어. 상사들은 그것을 훔쳐가는 직원들을 나쁘게 생각하기보다 오히려 자신의 가치를 알아보는 훌륭한 사람이라고 생각하고 좋아할 거야. 이것도 최소의 비용으로 최대의 효과를 얻을 수 있는 방법이지?

너에게 중요한 일이 있을 때는 상냥하게 "팀장님, 제가 이러는데 어쩌죠?"라고 물어봐. 그러면 팀장은 너의 일을 자신이 대신해 주거나 다른 사람에게 하도록 해서 너의 문제를 자신이 해결해 주었다는 성취감을 느낄 거야. 그것도 상사를 존중해 주는 최고의 방법이야.

자신을 상품이라고 생각해라.

어렸을 때 아빠는 물건 취급당하면 기분 나빴어.

그런데 오래지 않아 내가 어리석었다는 것을 알았어.

얼굴도 몸매도 인성도 모두 자산이라는 거 알지?

상품은 최고의 품질과 디자인, 최고의 포장을 해서 홍보를 잘해야 잘 팔리고 돈을 벌 수 있지. 그렇지 않으면 영원히 일어나지 못하게 한 방에 훅 가는 수가 있어. 아빠는 네 나이 때까지만 해도 속이 중요하다고 생각하고 외모에 대해서는 무시했었어. 형식보다 내용이 중요하다고 착각한 거야. 그 대가는 엄청났어.

사람들은 옳고 그름보다도 좋고 나쁨에 따라 마음이 움직인다는 거 알지? 옳고 그름이 확실하고 똑똑한 사람이라는 말, 참 듣기는 좋은 말이지만 살아보니 실속이 별로 없는 말이더라. 실속만 없는 것이 아니라 이기적이고, 지혜롭지 못한 거였어.

내가 석현이를 높이 평가하는 것 중 하나가 옳고 그름을 확실하게 표현하지 않는다는 거야. 그러면서 자신은 주관이 없는 사람이라고 취급받을 수도 있지만 상대에게 상처 주는 실수는 하지 않지. 너는 석현이가 우유부단한 게 아니라 신중하다는 것을 잘 알지? 사람들의 생각이 **'틀린 것이 아니라 다르다'**라는 것을 알기 때문에 상대의 의견을 존중해 주는 거야. **생각의 유연성.**

똑똑하고 용감한 사람이 아니라 생각도 행동도 유연한 사람이 실속 있는 것은 당연했어. 지혜의 대가지.

업무적인 면에서는 완벽하도록 하고, 외적으로는 의도적으로라도 항상 웃으면서 생활했으면 좋겠어.

자신이 가지고 있는 가장 멋진 옷을 입는 게 좋아. 그런 사람은 훨씬 성실하고 왠지 능력도 더 있어 보이지. 얼굴은 물론이고 미소와 의상, 예의도 모두 중요한 자산이야. 말로 하지 않고 너 자신을 홍보하는 거지.

혹시 누군가가 도움이 필요하면 두려워하지 말고 도와줘. 물론 네가 어려우면 아빠가 도와줄게.

상품의 가격은 대부분 투자 원가에 의해서 결정되지. 그러나 큰 가치는 원가가 아니라 어떻게 가공하고 어떠한 의미를 부여하느냐에 따라 엄청나게 차이가 나.

항상 가격보다는 가치를 먼저 생각해라.

가공하지 않으면 가치가 커지지 않아. 1%로만 가공해도 100배의 가치가 커진다고 했어. 명품의 가치는 원가에 의해서 결정되는 것이 아니라는 것 알지?

너 자신을 명품으로 만들어 봐.

확인서를 써 놓고 일해라.

악법도 법이고, 법과 원칙을 지켜야 한다고 배웠어. 특히 공무원은 원칙을 벗어나 일을 하면 책임을 져야 해. 나도 처음에는 악법도 법이라고 생각하고는 원칙대로 열심히 일했어. 그런데 정말 힘들더라. 정말 도움이 필요한 사람이 있는데 원칙대로는 도와줄 수 있는 방법이 없는 거야. 공무원은 국민에 대한 봉사자라고 했는데.

아빠의 의사결정 기준의 첫 번째가 옳은 일을 하는 것이었어. 옳은 일이라는 것은 법과 원칙에 맞게 하는 거야. 그런데 현실이 그렇지 않은 경우가 많더라.

그래서 두 번째 기준으로 많은 사람에게 이익이 되는 일을 하는 것이었어. 법과 원칙이 현실에 약간 맞지 않더라도 꼭 도움이 필요한 사람에게는 상사에게 이유를 설명하고 도와주었어. 그랬더니 어려운 사람에게 큰 도움을 줄 수 있더라. 법과 원칙대로 한다는 말은, '나는 책임지지 않겠다'라는 말이었어. 너는 **'악법은 법이 아니라 당연 무효'**라는 거 알지?

아빠도 처음에는 원칙대로 일을 했지만, 공무원은 국민에 대한 봉사자이고 세상을 바꾸는 창조자라는 생각이 들었을 때 많은 사람들에게 도움이 되는 일이라면 비록 징계를 받더라도 그 일을 하겠다고 생각했지. 확인서를 써 놓고 일했을 때, 시간은 반으로 줄고 일의 성과는 100배 이상 커졌어. 주관이 없다고 하는 사람도 있지만 상황은 항상 다르기 때문에 그때그때 다르게 행동해야 하는 것이 공무원의 임무라고 생각해. 그렇지 않으면 공무원은 필요 없고, 로봇이 일을 해야 하겠지? 사람이 죽어 가는데 원칙이 중요하겠니, 사람이 중요하겠니?

공무원이 징계를 받게 되는 경우는 첫째는 공금횡령이나 유용이고, 둘째는 특정인에게 특혜를 주는 경우야. 물론 법 해석을 잘못 해서 국가나 특정인에게 큰 피해를 주는 경우도 있어. 이런 게 아니면 신분상 문제가 된다거나 인생이 불행해질 정도의 징계를 받는 경우는 없어. 또 '적극행정 면책제도'라는 것이 있어. 공무원이 성실하고 능동적으로 업무를 처리하는 과정에서 발생한 손실에 대해 공익성, 타당성이 인정되는 경우 그 책임을 감경해 주는 제도야. 확인서를 써 놓고 일하는 것이 너에게 얼마나 큰 이익이 되는지 알겠지?

이밖에도 해 주고 싶은 말이 많지만 아직 생각나지 않아서 이만 줄이고 다음에 생각나면 그때그때 얘기해 줄게.

우리 딸, 사랑해.

2018년 10월 7일
새로운 세상을 동행할 동료가

현지의 감사편지

내가 보내준 편지를 읽고 현지가 너무나 좋아했다. 편지 쓰고 있다는 얘기를 들었을 때부터 크게 기대했는데 **자신의 인생에 평생 도움이 될 훌륭한 내용**이라고 감동적인 편지를 써주었다.

이 편지는 아빠가 나에게 미리 말했을 때부터 정말 받고 싶었던 편지다. 어떤 내용들이 있을지, 얼마나 큰 도움이 될지 알고 있었기 때문이다.

이 글은 내가 임용이 돼서부터 퇴직할 때까지, 아니 평생 도움이 될 것이 확실하다.

읽으면서 '아, 그렇지. 역시!'라는 생각이 많이 들었다. 아빠에게 항상 듣던 말이긴 하지만 글로 썼기 때문에 수시로 나에게 환기시키고 잊어버릴 즈음 다시 각성할 수 있기 때문이다. 아빠가 이런 편지를 준비한 것에 정말 감동이고 감사하다. 나는 첫 사회생활이었던 카페 알바를 하면서도 생각보다 부족한 점이 많아서 걱정됐는데 아빠가 나를 많이 생각해 주고 같이 해결 방법을 찾아 줘서 너무 좋았다.

아빠의 말은 모두 내가 살아가면서 반드시 실천해야 하는 좋은 말이다. 글을 총 두 번 읽었다. 한 번은 '그랬었지. 아빠와 예전부터 하던 말들이구나' 하고 생각하면서, 두 번째는 그중 더 와닿고 더 곱씹어볼 얘기 위주로 그리고 내가 잘하고 있는 것과 부족해서 더 채워가야 할 것들을 생각하며 읽었다.

나는 사고의 유연성을 잘 길러온 것 같다.

아직 많이 부족하지만 아빠와 대화를 하면서 '이것만이 답은 아니다. 다르게 생각할 수 있지. 그럴 수도 있다' 이런 생각들을 많이 해 왔다. 앞으로 일을 할 때 내가 이런 부분은 부족하다고 느낄 수도 있지만, 아빠와 대화를 하면서 잘 헤쳐나갈 수 있을 것이다.

아빠는 항상 '절대긍정'을 하라고 했다.

"예"라고 외치면 어떻게든 생각지 못한 해결 방법들이 나타난다. 그런데 만약 안 될 것 같다고 "아니오"를 외치면 할 수도 있는 일을 잃게 되고 부탁한 사람도 나에게 나쁜 감정을 느낄 것이다. 특히 일을 하게 되면 인간관계가 중요하기 때문에 이 부분을 명심해야겠다.

나는 사정을 음…. 잘하는 편인 것 같다.

사정은 나에게 편안하고 긍정적으로 다가오는 단어다. 나는 부족한 점이 많기 때문에 본능적으로 사정하는 방법을 몸에 익힌 것 같다. 부족한 점이 많아 걱정되지만 그러기 때문에 남들이 더 다가오기 쉽고 경계하지 않을 것이다. 그것은 내가 아빠보다 나은 점이다. 아빠는 너무 잘나서 사람들에게 시기질투를 당하고 그것으로 인해 손해 보는 안타까운 일들을 많이 봐 왔기 때문이다.

그리고 내가 못하는 것들을 발견했다.

특히 동조와 공감 능력이 많이 부족하다. 사실 그런 척할 수는 있는데 '아, 이 친구는 그렇게 생각하지 않는구나' 하는 표시가 나서 어색하다. 정말 중요하기 때문에 연습을 많이 해서 공감 능력을 키우겠다.

나도 아부에 찬성이다.

나는 매일 공부하고 과거의 경험에서 배우고 고칠 점들을 글로 쓰면서 계속 성장해 나갈 것이다. 그러면 나도 느리지만 아빠처럼 지혜로운 사람이 될 수 있겠지?

나는 정말 게을러서 반드시 해야 한다고 마음먹지 않으면 행동으로 잘 옮기지 못한다. 정말 안 좋은 습관이다. 이제 다시 마음을 다잡을 때가 왔다. 아빠가 말한 적자생존, 억자생존, 행자생존 모두 취약한 부분이면서 반드시 길러야 할 부분이다. 그리고 억자생존, 행자생존도 모두 적자생존을 잘해야 할 수 있기 때문에 나에게는 적자생존이 1순위이다.

나는 원래 솔직한 편이라 친구들에게 막말을 한다. 직설적이라는 말도 듣는 편이었는데 이제는 정말 할 말, 안 할 말을 잘 구별할 줄 알고, 솔직한 것이 안 좋을 수 있다는 것을 항상 명심하고 남의 입장에서 생각하는 법을 길러야겠다. 지금 나의 화술은 지식의 빈곤, 경험의 빈곤, 감정의 빈곤 셋 다 해당된다. 이것도 감정적으로 잘 안 되더라도 이성적으로 잘 다스리고, 어떤 일이건 적극적으로 해서 내 것으로 만들며 잘 살아야겠다.

내년부터 공무원으로 일하면서 최대한 많은 경험을 하고 그 경험들에서 많은 것들을 배우고 성장해 나갈 것이다. 그것이 그동안 아빠가 살면서 나에게 알려 준 것들이기 때문이다.

2018년 10월 23일

현명한 아빠의 딸 이현지

노예 해방

미국 16대 대통령 에이브러햄 링컨은 『톰 아저씨의 오두막』을 읽고 노예 해방을 결심했다고 한다. **한 권의 책이 사람을 바꾸고 그 사람이 세상을 바꾸게 한 것이다.**

20대 초반, 『비즈니스맨인 아버지가 아들에게 주는 30통의 편지』를 읽었다. 아이들이 성장하면서 만날 수 있는 장애에 대해 매 순간 편지를 써 주는 것을 보고 큰 감명을 받았다. 그때 나도 어른이 되면 아이들에게 이렇게 하겠다고 결심했다.

내가 열심히 살면 가족들이 잘 알아줄 줄 알았다.
그런데 10년을 함께 산 아내도 나에 대해 모른다는 것이 슬펐다. 아이를 키우면서 좋은 아빠와 훌륭한 아빠가 되겠다는 불가능에 가까운 목표를 세웠다. 그러면서 아이들이 잘못했을 때 그 자리에서 야단치기보다는 편지로 알려 주었고, 내가 한 경험과 생각을 써서 보내 주었더니 내가 어떤 생각을 하고 어떻게 사는지 알아주었다. 편지 쓰기는 항상 우리 가족을 행복하게 해 주었다.

워라밸 시대, 직장과 가정에서 모두 잘하고 싶은 것이 모든 부모의 마음이다. 가족들과 대화 시간은 턱없이 부족하다. 그 부족한 시간의 한계를 극복하는 최고의 방법이 편지 쓰기라고 장담한다. 잘 쓰지 못해도, 긴 글이 아니어도 좋다. 마음만 전달되면 된다.

이 책도 누군가에게는 삶의 함정을 뛰어넘는 디딤돌이 되었으면 좋겠다.

2020년 8월
이영주